Gustav Krüger

Kernkraft - Kohle - Klima

Energiewende nachgefragt

Erweiterte Neuauflage

Gustav Krüger

Kernkraft - Kohle - Klima
Energiewende nachgefragt

4. Auflage 2011
© 2010 Gustav Krüger

Herstellung und Verlag:
Books on Demand GmbH, Norderstedt

ISBN 978-3-8391-8119-5

www.buch-krueger.de

Inhalt

Vorwort

„Das haben wir alles nicht gewusst", war die übereinstimmende Reaktion vieler Leser der ersten Auflagen.

Für alle, die am Thema Energie interessiert sind, ist das Buch eine vielseitige Informationsquelle. Die Argumentation stützt sich auf naturwissenschaftliche Grundlagen, die Darstellung ist so gewählt, dass sie auch für Nichtfachleute verständlich ist. Auf eine theoretische Beweisführung wurde bewusst verzichtet.

Durch die von der Regierung beschlossene Energiewende weg von der Kernenergie und hin zu den erneuerbaren Energien erschien es notwendig, in einem zusätzlichen Kapitel auf die damit verbundenen Fakten und Kosten detailliert einzugehen. Offiziell werden diese verharmlost und klein geredet. In Wirklichkeit würde die Energiewende eine totale Umgestaltung unserer Landschaft bedeuten mit nicht zu beziffernden Kosten. Es ist zu hoffen, dass sich die Erkenntnis der Undurchführbarkeit des Vorhabens durchsetzt, bevor es zu spät ist. Das Buch soll einen Beitrag dazu leisten.

Möge das Buch eine weite Verbreitung finden.

Gustav Krüger, August 2011

1

Energie –
überlebenswichtig?

Zur Sicherung der menschlichen Existenz ist Energie erforderlich. Das Wachstum der Weltbevölkerung und höhere Ansprüche lassen den Energiebedarf weiter ansteigen.

Energie gehört zum Leben und zum Überleben der Menschheit. Lebensnotwendig war sie schon immer.

Unsere Vorfahren in der Steinzeit haben das Feuer gebraucht, um nicht zu erfrieren und das erlegte Wild zu braten. Sie waren sich dabei nicht bewusst, dass sie mit dem Verbrennen von Holz die darin enthaltene chemische Energie in Wärmeenergie umgewandelt haben. Sie wussten nicht, dass Energie nicht verbraucht, sondern nur umgewandelt werden kann, ganz egal, von welcher Energieform man ausgeht. Sie wussten auch nicht, dass die letzte Stufe der Umwandlung immer Wärme darstellt. So abstrakte Begriffe wie Energieumwandlung oder gar Wirkungsgrad waren ihnen fremd.

Auch heute findet man sie nur selten in einer Diskussion. Zum Schießen mit Pfeil und Bogen brauchte man die Energie aus dem Arm. Das war überlebensnotwendig, um Wild zu erlegen oder sich der Feinde zu erwehren. Die gab es schon damals.

Es gab Streit um bessere Weidegründe oder um Wasserquellen, nicht anders als heute um Ölquellen.

Damals lebten keine 100.000 Menschen auf der ganzen Erde. Es gab also Platz für alle. Heute sind es fast 7.000 Millionen und das Ende des Bevölkerungswachstums ist nicht abzusehen. Doch auf einer begrenzten Erde gibt es kein unbegrenztes Wachstum, und eine Ersatzerde haben wir nicht. Eines Tages wird es vielleicht sogar 20 oder 30 Milliarden Menschen geben.

Da stellen sich vier Fragen:

> 1. Können diese ernährt werden?
> 2. Können diese gekleidet werden?
> 3. Haben diese Menschen Wohnraum?
> 4. Haben sie Arbeitsplätze?

Aus heutiger Sicht lautet die Antwort auf alle vier Fragen: Nein! Nur eines ist sicher: Der Energiebedarf wird gewaltig zunehmen.

Die Menschen haben von Natur aus eine tradierte Denkweise. Wie die Welt in hundert Jahren aussehen wird, wissen wir nicht. Niemand kann sich das auch nur annähernd vorstellen. Denken wir einmal hundert Jahre zurück. War damals etwa vorauszusehen, dass es eine Kasse im Supermarkt geben wird, die einen Strichcode lesen kann? Oder Radarfallen im Autoverkehr? Oder Mobiltelefone, von Satelliten gestützte Navigationssysteme, Kernkraftwerke? Heute ist das alles für uns selbstverständlich. Es wird in hundert Jahren Dinge geben, von denen wir uns heute absolut keine Vorstellung machen können. Nur eines ist sicher: Energie wird dafür gebraucht werden, und zwar viel Energie. Diese muss verfügbar sein, wirtschaftlich zu nutzen und unsere Umwelt sollte dadurch möglichst wenig beeinträchtigt werden.

Nachdem 1945 die Waffen schwiegen und die wahnsinnige Energieverschwendung durch die militärischen Aktionen ein Ende hatte, wurde Bilanz gezogen: Wie steht es mit den Energievorräten auf der Erde?

In seiner Begrüßungsansprache vor neu immatrikulierten Studenten sagte damals ein Rektor: „Sie werden noch erleben, dass es auf der Erde kein Erdöl mehr gibt. Aber die Technischen Hochschulen hätten ihren Zweck verfehlt, wenn nicht bis dahin neue Energiequellen erschlossen wären."

Eine neue Energiequelle gibt es bereits: Die Kernenergie. Der Rektor hatte dennoch mit seiner Prognose unrecht. Es gibt heute größere bekannte Erdölvorräte als damals. Doch sind die Vorkommen begrenzt, und eines nicht allzu fernen Tages werden sie erschöpft sein. Wann dies der Fall sein wird, darüber kann weiter spekuliert werden. Wenn die heute betriebenen Erdölfelder weiter so ausgebeutet werden wie jetzt, dann reicht das Öl noch für 60 bis 80 Jahre. Wenn die heute bekannten Erdöllager in gleichem Maße ausgebeutet werden, reicht das Öl für 200 Jahre. Etwa das gleiche gilt auch für Erdgas. Die Vorräte an Kohle sind gewaltig. Man schätzt die Reichweite auf 1.000 bis 1.200 Jahre. Darüber brauchen wir uns heute keine Gedanken zu machen.

Auch der für Kernkraftwerke benötigte Energierohstoff Uran ist nicht unbegrenzt vorhanden. Verlässliche Angaben über die Vorräte auf der Erde gibt es nicht. Nur so viel sei an dieser Stelle zu diesem Thema gesagt: Zum Betrieb der Reaktoren für die Stromerzeugung braucht man sogenanntes „angereichertes Uran". Das im Bergbau abgebaute Natururan besteht aus zwei Isotopen. Der radioaktiv nutzbare Bestandteil beträgt dabei 0,7 Prozent und muss durch komplizierte Verfahren auf 8 bis 10 Prozent konzentriert werden. Für den Bau einer Uranatombombe muss dagegen der radioaktive Anteil bis auf 90 Prozent erhöht werden. Eine reine Verschwendung des wertvollen Energierohstoffs und eine gefährliche Technik obendrein.

Energie aus Wind und Sonne ist praktisch unbegrenzt verfügbar, aber nicht immer, wenn sie gebraucht wird. Der Wind muss genügend stark wehen und die Sonne genügend hell scheinen. Wind und Licht kann man nicht speichern und den daraus erzeugten Strom auch nicht. Heutzutage fährt man auch nicht mehr mit Segelschiffen über die Weltmeere, und die alten Windmühlen an Hollands Küsten dienen nur noch als Touristenattraktion. Wind und Sonne können keinen wirksamen Beitrag zur Stromerzeugung in der Zukunft leisten. Doch das Hauptproblem liegt in der nicht vorhandenen Wirtschaftlichkeit. Darüber wird noch zu sprechen sein.

Der Rektor hatte in seiner Begrüßung die Zukunftsfrage angesprochen: Die Forschung muss dafür sorgen, dass neue Energiequellen erschlossen werden. Überlegungen dazu gibt es. So würde der Prozess, der die Energie der Sonne liefert, nämlich Wasserstoff in Helium umzuwandeln, das Energieproblem auf Dauer lösen. Die Vorbereitungen dazu sind in Gang. Ob sie zum Erfolg führen, wissen wir nicht. Darüber und über andere Möglichkeiten wird im Abschnitt „Energie der Zukunft" zu berichten sein.

Es ist die Tragik der Menschheitsgeschichte, dass große Entwicklungen und neue Entdeckungen zuerst bei kriegerischen Auseinandersetzungen Verwendung gefunden haben.

Die Erfindung, das relativ weiche Eisen zu Stahl zu härten, fand zuerst ihre Anwendung in der Herstellung von Schwertern. Es gab davon ganz berühmte Exemplare. Erst später wurden auch Pflugschare aus Stahl gemacht. Kernkraft führte zuerst zur Konstruktion der Atombombe, erst danach wurde sie in einem Kernkraftwerk genutzt. Die Umwandlung von Wasserstoff in Helium bewirkt die unvorstellbare Zerstörungskraft der

Wasserstoffbombe. Es ist zu hoffen, dass dieser Prozess eines Tages in gezähmter Version den Energiebedarf sichern wird.

Energie ist für das Überleben der Menschheit unverzichtbar. Nicht nur, dass mehr Menschen in der Zukunft höhere Komfortansprüche stellen werden, es geht nicht nur um mehr Heizung und Klimatisierung für die wachsende Bevölkerung und um neue Industriebetriebe. Der Hauptgrund ist, dass mehr Wasser zum Trinken und für die Landwirtschaft benötigt wird. Trinkwasser aus natürlichen Quellen ist ein begrenzt vorhandener Rohstoff. Es ist nicht auszuschließen, dass in Zukunft wegen Trinkwasser Kriege geführt werden, wie heute um Öl.

Trinkwasser kann man durch Destillation aus Meerwasser erzeugen, also durch Verdampfen und Abkühlen. In den weit vom Meer entfernten Gebieten lässt sich Trinkwasser durch Abkühlen der Atmosphäre unter den Taupunkt gewinnen. Beide Verfahren liefern beliebig viel Trinkwasser in praktisch unbegrenzter Menge. Aber sie benötigen Energie, und zwar sehr viel Energie. Man sieht deutlich: Energie ist für die Menschheit überlebenswichtig.

2

Unter Anklage
gestellt

Die Nutzung der fossilen Energierohstoffe wird als Ursache für einen Klimawandel angesehen, der bedrohliche Folgen haben soll. Kernkraft ist aus Sicherheitsgründen abzulehnen. Die Lösung des Energieproblems liegt bei den erneuerbaren Energien.

Die Erkenntnis, dass Energie lebensnotwendig ist, hat sich allmählich durchgesetzt, besonders in den hoch entwickelten Industriestaaten. Was also tun, wenn die bekannten Energiequellen zur Neige gehen? Dass das der Fall ist, spüren wir an den Energiekosten. Angebot und Nachfrage bestimmen den Preis. Das Angebot geht zurück, die Nachfrage steigt, also steigt ganz zwangsläufig der Preis. Energie wird teurer. Das ist die eine Seite.

Bestehen noch andere Gründe, die Nutzung der jetzigen Energiequellen einzuschränken?

Hier wird oft auf die für die letzten hundert Jahre beobachtete Erderwärmung hingewiesen. Mit der Nutzung fossiler Energiequellen verändern wir das Klima angeblich zu unserem

Nachteil. Wir würden so ungebremst auf eine Klimakatastrophe zusteuern, die alle bedroht.

Dafür sucht man einen Schuldigen, denn man will wissen, wer diese angebliche Katastrophe verursacht hat.

1. So werden die unter Anklage gestellt, die „bedenkenlos" fossile Energiequellen, also Erdöl, Erdgas und Kohle verbrauchen. Die Vorräte sind ein Kapital, das nicht endlos vorhanden und in absehbarer Zeit erschöpft ist, heißt es dann. Irgendwann sei dieses Konto leer.

2. Unter Anklage werden auch die gestellt, welche durch das Verbrennen der kohlenstoffhaltigen fossilen Energieträger Unmengen von Kohlendioxid in die Luft entlassen. Der ansteigende CO_2-Gehalt der Atmosphäre wird als Ursache für die Erwärmung der Erde mit allen schädlichen Auswirkungen, für die Vergrößerung der Wüstengebiete, Stürme und Sturmfluten, das Abschmelzen der Eisflächen und den Meeresspiegelanstieg angesehen.

3. Unter Anklage stellt man auch die, welche die Nutzung der Kernenergie propagieren. Die zahlreichen Störfälle in den Kernkraftwerken haben demnach gezeigt, dass diese Technik nicht beherrschbar ist. Der Unfall in Tschernobyl habe halb Europa mit Strahlung verseucht. Je mehr Kernkraftwerke es gibt, umso höher sei das damit verbundene Risiko. Das wollen wir nicht, heißt es.

4. Unter Anklage stehen auch die, die nicht erkennen wollen, dass es Alternativen gibt. Es gebe Energiequellen, die die fossilen Energieträger ersetzen können und dabei kein klimaschädliches CO_2 ausstoßen. Es handelt sich um folgende, für jeden einsichtige Energiequellen:

(a) *Solarenergie:* Die Sonne strahlt mehr als das Zehntausendfache dessen an Energie auf die Erde ein, was von der gesamten Weltbevölkerung heute verbraucht wird. Und das ganz umsonst. Da sollten sich in unserer hoch technisierten Welt Mittel und Wege finden lassen, den nötigen Anteil abzuzweigen, um so das Energieproblem endgültig zu lösen. Die Fläche, um die Strahlung aufzufangen, wäre vorhanden. Man könnte alle Dachflächen mit Solarkollektoren versehen. Sollte das nicht ausreichen, stünden riesige Wüstengebiete zur Verfügung. Die Übertragung der Energie in die Industriestandorte sei technisch lösbar.

(b) *Windkraft:* Energie aus Wind wird seit alters her bei allen Völkern genutzt. Mit den Erkenntnissen moderner Technologie, also der Aerodynamik und der Elektrotechnik, lasse sich die Windenergie auch in windschwachen Gebieten nutzen. Sie ist umweltfreundlich, es entstehen keine Abgase. An günstigen Standorten können ganze Windparks errichtet werden.

(c) *Nachwachsende Energierohstoffe:* Gemeint sind Pflanzen, aus denen man Energie gewinnen kann, also Holz zum Heizen, ölhaltige oder stärkehaltige Pflanzen, um daraus flüssige Energieträger wie Dieselkraftstoff oder Benzin zu erzeugen. In speziellen Einrichtungen lässt sich auch Biogas, ein methanhaltiges, brennbares Gas, durch einen Gärprozess gewinnen. Diese Kraftstoffe, die alle die Bezeichnung *bio* tragen, hätten demnach gemeinsam den Vorteil, dass sie bei der Verbrennung genauso viel Kohlendioxid erzeugen, wie sie bei ihrem Wachstum aus der Atmosphäre aufgenommen haben. Sie werden deshalb als „klimaneutral" bezeichnet.

Diese Vorschläge zur Nutzung dieser alternativen Energieträger erscheinen zwar vernünftig und nachvollziehbar.

Doch zu einem Punkt, der die prognostizierte Klimakatastrophe betrifft, muss es gleich einen ersten Einspruch geben. Denn der Behauptung, der Meeresspiegel würde bei weiterer Erderwärmung um bis zu einige Meter ansteigen und ganze Inseln verschwinden lassen, muss entschieden widersprochen werden. Das Abschmelzen der gesamten Eisflächen der Arktis, die auf dem Wasser schwimmen, bewirkt keine Erhöhung des Wasserspiegels. Das Abschmelzen eines Kubikkilometers Eis auf den Landflächen der Antarktis würde den Meeresspiegel um nicht einmal 0,004 mm ansteigen lassen, und das unter der Voraussetzung, dass es keine anderen Einflüsse auf den Wasserstand gibt.

Bei der Erwärmung werden auch die Weltmeere wärmer, aber wegen der größeren Wärmeaufnahme des Wassers nur um Bruchteile der Erwärmung der Landmasse. Das merkt man, wenn man an einem sonnigen Tag am Sandstrand barfuss spazieren geht. Der Sand erwärmt sich, er wird sogar sehr warm, das Wasser daneben aber kaum. Außerdem hat das Wasser die besondere Eigenschaft, dass es sich bei einer Erwärmung unterhalb einer Temperatur von 4 °C erst einmal zusammenzieht.

In den Polargebieten wird also das Volumen schrumpfen. Bei 4 °C hat das Wasser seine größte Dichte, erst darüber beginnt es, sich langsam auszudehnen. Bis zu welcher Wassertiefe die Erwärmung wirksam wird, ist recht unterschiedlich. Sie reicht von 50 m bis zu mehreren hundert Metern in den verschiedenen Meeresgebieten. Durch die Erwärmung des Oberflächenwassers findet auch eine stärkere Verdunstung statt. Warme Luft kann mehr Feuchtigkeit aufnehmen. Das weiß jeder, der sich mit Warmluft die Haare trocknet.

Die Verdunstung hat noch eine weitere Auswirkung: Die Verdunstungskühlung. Verdunstung erfordert Wärme, die dem Wasser entzogen wird. Es wird abgekühlt, genauso wie eine Weinflasche, die man mit einem feuchten Tuch umwickelt. Die Verdunstung liefert einen Beitrag dazu, dass sich das Meerwasser weniger stark erwärmt als die Landmasse. Insgesamt haben die Weltmeere eine ausgleichende Wirkung im Wärmehaushalt der Erde.

Ob die Erwärmung der Erde zum Anstieg oder zum Absinken des Wasserspiegels führt, ist ungewiss. Die Einflüsse der Erderwärmung wirken gegenläufig. Je nach Computermodell wird das eine oder andere herausgerechnet. Mit Sicherheit wird es jedoch niemals einen Wasseranstieg um mehrere Meter geben.

Wenn es wirklich einen Anstieg des Meeresspiegels geben würde, hätte das im Übrigen Auswirkungen auf die Tageslänge. Das Trägheitsmoment der Erde würde sich vergrößern, die Erde würde sich langsamer drehen, und die Tageslänge würde zunehmen. Der Betrag wäre im Alltag zwar nicht zu bemerken, doch unsere extrem genauen Atomuhren, die in einer Million Jahren noch sekundengenau gehen würden, hätten das längst angezeigt.

Ein Punkt wird in der Anklage stets ganz bewusst nicht zur Sprache gebracht: Die Kosten für die alternative Energie. Wie hoch sind sie? Ist die Solarenergie wirklich so kostengünstig, auch wenn die Sonne keine Rechnung schickt? Davon handelt das folgende Kapitel.

16

3

Energiewirtschaft – wirtschaftlich?

Energie muss bezahlbar sein. Das gilt insbesondere für den Industriestandort Deutschland. Erneuerbare Energien können diese Forderung nicht erfüllen.

Energie muss bezahlbar sein. Das gilt vor allem für die auf Strom angewiesene Industrie. Wo Strom billig ist, entstehen Industrieansiedlungen, wie etwa an den Niagarafällen. Dort gibt es Wasserkraftwerke mit einer gewaltigen Leistung, ideal für Aluminiumhütten und Elektrostahlwerke. Denn für eine Tonne Aluminium braucht man 13.500 kWh, und Stahl schmilzt bei 1.500 °C, daran ist nichts zu ändern. Übrigens schmilzt auch Silizium, der Rohstoff für Solarzellen, bei 1.500 °C.

Mitte der fünfziger Jahre des vorigen Jahrhunderts wurde der Hoover-Staudamm fertig. Der Hoover-Stausee liefert Trinkwasser für die großen Industriestädte in Kalifornien und verdient damit sein Geld. Nebenbei liefert er aber auch Strom. Dieser kann noch billiger abgegeben werden als der Strom von den Kraftwerken an den Niagarafällen. Das hatte zur Folge, dass einige Großbetriebe nach Kalifornien abwanderten und auch neue Betriebe bevorzugt am Hooverdamm angesiedelt wurden.

Und das bei einem Kostenvorteil von einigen Zehnteln Cent pro Kilowattstunde.

Deutschland hat mit die höchsten Stromkosten in Europa. Sie liegen im Gesamtdurchschnitt für alle Verbraucher bei 19,8 Cent pro kWh. Im Vergleich dazu liegen die Kosten in Großbritannien bei 14 Cent und in Frankreich bei 12 Cent pro kWh. In Island wird zur Zeit ein Staudamm zur Stromerzeugung gebaut. Der Strom wird eine Aluminiumhütte kostengünstig betreiben.

Die Folgen: Aluminiumhütten verlegen ihre Betriebsstätten nach Polen bzw. in die Emirate, wo die Stromkosten noch günstiger sind. Dazu verlegen auch die Zulieferbetriebe und die entsprechenden Halbzeugwerke, die aus dem Rohmaterial Bleche, Stangen, Rohre usw. herstellen, ihre Produktion. Solche Betriebe werden niemals mehr in unser Land zurückkehren, die Arbeitsplätze sind für immer verloren.

Strompreise für den Endverbraucher
(in Cent pro kWh)

Deutschland	19,82
Frankreich	12,20
Belgien	16,65
Großbritannien	14,03

Den in das Ausland exportierten Arbeitsplätzen stehen die neu geschaffenen gegenüber, die mit der Förderung der regenerativen Energie zusammenhängen. Sie verdienen ihr Geld durch direkte oder indirekte staatliche Subventionen, haben also keinen volkswirtschaftlichen Nutzeffekt. Der gesetzlich festgelegte Abnahmepreis für Wind- und Solarstrom ist ein Relikt der Planwirtschaft und hat in der Marktwirtschaft keinen Platz.

Wenn die Solarzellen mit Solarstrom für 50 Cent pro kWh erzeugt würden, wären sie unbezahlbar, und je mehr Solarstrom in das Netz eingespeist wird, desto teurer müssen sie zwangsläufig werden.

Für das Ganze gibt es in der deutschen Sprache ein passendes Wort: *Milchmädchenrechnung.* Man muss kein Prophet sein, um vorauszusagen, woher die Solarzellen in Zukunft kommen werden: aus China. Die für die Produktion benötigten neuen Arbeitsplätze werden also durch unsere verfehlte Politik bevorzugt im Ausland geschaffen. Bei uns werden die neu entstandenen Arbeitsplätze auch nicht annähernd die verlorenen ersetzen können.

Um Deutschland als Wirtschaftsstandort weiterhin attraktiv zu machen, ist es die Aufgabe der Politik, für günstige Energiekosten zu sorgen. Die von den Öl exportierenden Ländern geforderten hohen Preise sind von den Abnehmern nicht zu ändern.

Doch was tun die Politiker? Sie treiben die Preise durch zusätzliche Steuern weiter in die Höhe. Sie nennen sie irreführend Ökosteuer, um sie dem Verbraucher schmackhaft zu machen. Sie beschließen das kostentreibende Energieeinspeisungsgesetz (EEG), das zur ständigen Verteuerung von Strom führt. Das ist die gesetzliche Zerstörung unserer Wirtschaft und bewirkt, dass unsere einmalig schöne Naturlandschaft durch Windkraftwerke verschandelt wird. Die Windmühlen, die heute errichtet werden, werden nicht so schnell wieder abgebaut werden. Mit Sicherheit werden nachfolgende Generationen ein vernichtendes Urteil über die Unvernunft der heute Verantwortlichen fällen.

Die Kosten für die ständige Bereithaltung von konventionellen Kraftwerken gleicher Leistung wie die Solar- und Windkraftwerke für den Fall, dass der Wind nicht weht oder die Sonne nicht scheint, werden kaum einmal genannt. Niemand kann ausschließen, dass zwischen Flensburg und Oberstdorf kein Wind weht. Nachts liefern Solarkraftwerke systembedingt keinen Strom. Bereitstellungskosten fallen an und müssen bei der Berechnung der Stromkosten alternativer Energien berücksichtigt werden. Auch die Kosten für die Ausgleichsregelung bei wechselnder Einspeisung werden meist nicht genannt. Da jede Maschine nur bei der Leistung, für die sie berechnet ist, den größten effektiven Nutzen bringt, bedeutet das, dass immer eines der Kraftwerke uneffektiv, also mit zu hohen Kosten, arbeitet. Entweder ist es das konventionelle Kraftwerk oder das alternative.

Woher der Strom kommt und was er kostet
(Angaben in direkten Kosten pro kWh für 2008)

Steinkohle	18,6 %	3,35 Cent
Braunkohle	24,6 %	2,40 Cent
Kernenergie	22,6 %	2,65 Cent
davon aus Russland	*~1 %**	*1,80 Cent*
Erdgas	12,9 %	4,90 Cent
Wasserkraft	3,2 %	4,30 Cent
Windkraft	6,3 %	9,00 Cent
Biomasse	4,3 %	9,60 Cent
Müllverbrennung	0,8 %	3,00 Cent
Photovoltaik	1,0 %	54,00 Cent

Quellen: AG Energiebilanzen, 18.12.2009; BMWi 2008, IER 2008, eig. Recherche; Differenz zu 100 %: sonstige; *Nov-Ost.info, Stand 2000.

Die deutschen Kraftwerke liefern pro Jahr rund 600 TWh Strom, das sind 600 Milliarden kWh. Die direkten Kosten, also die Kosten, die den Einspeisungsvergütungen gemäß den Energieeinspeisungsgesetzen entsprechen, betragen rund 35 Milliarden Euro. Würde die Hälfte des Stromes aus Solaranlagen erzeugt, müssten allein dafür 165 Milliarden Euro bezahlt werden.

Zu den direkten Erzeugungskosten kommen die schon genannten Bereitstellungskosten sowie sämtliche Fixkosten. Da die Anzahl der Solaranlagen für Stromversorgung weiter zunehmen wird, muss mit stetig steigenden Stromkosten gerechnet werden. Falls das Haushaltsgeld dafür nicht reicht, kann man eine schwächere Glühbirne einschrauben, aber Energie muss grundsätzlich bezahlbar sein, und das in besonderem Maß für diejenigen Großbetriebe, die die Schlüsselindustrie darstellen. Die Einsparung des Energierohstoffs Kohle durch die Nutzung der Wind- und Solarenergie beträgt 1 bis 2 Cent pro kWh für den Endverbraucher. Durch Modernisierung der thermischen Kraftwerke könnte eine vielfach höhere Kosteneinsparung erreicht werden.

Ein Argument für den Ausbau der alternativen Energien ist, dass damit Abgase vermieden werden, insbesondere der Ausstoß von Kohlendioxid. Doch man muss auch dafür die Frage nach den Kosten stellen: Was kostet die Stromerzeugung durch Wind- oder Sonnenergie, um den Ausstoß der thermischen Kraftwerke um eine Tonne Kohlendioxid zu verringern?

Auch diese Rechnung wird leider nicht aufgestellt. Folgendes ergibt sich: Für die Vermeidung einer Tonne CO_2 fallen bei Stromerzeugung durch Windkraft rund 50 € an, bei Solarenergie sind es 250 €. Diese sind letzten Endes von der Wirtschaft zu bezahlen. Bei der von der Politik betriebenen Energiewirtschaft scheint der Begriff „Wirtschaftlichkeit" keine Rolle zu spielen.

Inwieweit eine Vermeidung von Kohlendioxid überhaupt erstrebenswert ist, wird im Abschnitt „Kohlendioxid - Gift für das Klima?" behandelt.

4

Strom aus Kohle –
ist das noch zeitgemäß?

Mit modernen Kohlekraftwerken kann die Effizienz um 20 Prozent erhöht werden. Das bedeutet mehr Elektrizität aus der gleichen Menge von Kohle, weniger Abgase, weniger Schlacke.

Im Jahre 1795 erfand James Watt die Dampfmaschine. Dadurch wurde eine technische Revolution eingeleitet. Für das Heizen eines Kessels war Kohle ideal, die in England reichlich vorhanden war. Somit wird bereits seit fast 250 Jahren Energie aus Kohle gewonnen.

1866 kam eine weitere bahnbrechende Erfindung hinzu: Werner von Siemens erfand die Dynamomaschine, also den elektrischen Generator. Durch den elektrischen Strom konnte die aus Kohle gewonnene Energie über weite Strecken übertragen werden.

Die 1883 von dem schwedischen Ingenieur Carl Gustav Patrik de Laval erfundene Dampfturbine stellte wegen der damit erreichbaren hohen Drehzahl eine ideale Ergänzung für die Gewinnung elektrischer Energie aus der chemischen Energie der Kohle dar. Dampfturbinen arbeiten betriebssicher und sind weltweit im Einsatz.

In Deutschland erzeugen Kohlekraftwerke etwa 50 Prozent des elektrischen Stroms. Davon arbeiten jeweils gut die Hälfte mit Steinkohle oder Braunkohle. Braunkohle ist der einzige Energierohstoff, der in unserem Land reichlich vorhanden ist, der allerdings wegen der dichten Besiedlung nicht überall abgebaut werden kann. So ist die Stadt Leipzig auf Braunkohle gebaut, die zeitweise in der DDR geführte Diskussion über die Verlegung der Stadt ist endgültig vorüber.

„Holz- und Kohlehandlung" hieß es früher, wo man Holz und Briketts für die Öfen kaufen konnte. Kohle war ein Jahrhundert lang das Synonym für Heizmaterial auch zum Beheizen von Lokomotiven und Dampfkesseln in Kraftwerken. Und damals qualmte es mächtig aus den Schornsteinen. „Solange der Schornstein noch raucht" bedeutete „solange der Betrieb noch floriert".

Doch sind Kohlekraftwerke wirklich noch zeitgemäß? Wie ist das mit den Abgasen?

Moderne Technik hat vor den thermischen Kraftwerken nicht haltgemacht, und ihre Schornsteine qualmen nicht mehr. Die Technik befasst sich heute damit, den Rohstoff Kohle möglichst effektiv auszunutzen. Dabei spielt der Begriff „Wirkungsgrad" eine maßgebende Rolle. Der Wirkungsgrad hängt mit der Tatsache zusammen, dass bei jeder Umwandlung einer Energieform in eine andere immer mehr Energie hineingesteckt werden muss, als man an nutzbarer Energie wieder herausbekommt. Die Differenz tritt immer als Wärmeenergie in Erscheinung.

Auch das letzte Glied einer Energieumwandlung ist immer Wärme. Energie wird also nicht „verbraucht", sondern jeweils umgewandelt. Der Wirkungsgrad gibt an, wie viel nutzbare Energie bei einer Umwandlung herausgeholt werden kann. Er ist immer kleiner als 1, also kleiner als 100 Prozent. Das ist ein Naturgesetz. Wenn er größer als 1 wäre, ließe sich ein *Perpetuum Mobile* bauen, also eine Maschine, die aus sich selbst heraus Energie erzeugt. Kein Patentamt der Welt nimmt seit über 100 Jahren eine Anmeldung auf ein *Perpetuum Mobile* an.

„Wirkungsgrad so hoch wie möglich" heißt also die technische Herausforderung. Eine Glühbirne liefert z. B. 10 Prozent Licht und 90 Prozent Wärme. Also wurden Energiesparlampen mit Hilfe von Leuchtröhren entwickelt. Ein Staubsauger liefert ungefähr 50 Prozent Saugkraft und 50 Prozent Wärme. Jeder Automotor hat einen Kühler, durch den die entstehende Wärmeenergie abgeführt wird.

Bei einem Automotor und bei den Dampfkraftwerken, also bei allen Kraftmaschinen, die mit Druck und Temperatur arbeiten, gibt es noch eine Besonderheit: Den „thermodynamischen Wirkungsgrad". Auch das ist ein Naturgesetz. Die Theorie ist kompliziert, aber die Endformel ist einfach. Der thermodynamische Wirkungsgrad berechnet sich folgendermaßen:

$$W = 1 - T_2 : T_1$$

Er ist, wie es sein muss, kleiner als 1. T_1 ist dabei die Ausgangstemperatur des Prozesses, also z. B. die Temperatur im Dampfkessel oder im Zylinder eines Automotors, T_2 die Temperatur am Auspuff oder am Schornstein einer Dampflokomotive. Der Wirkungsgrad ist also umso besser, je größer das Wärmegefälle des Prozesses ist. Man kann das mit einem Wasserfall vergleichen, der umso mehr Energie liefert, je höher er ist, also je größer das Gefälle zwischen Oberwasser und Unterwasser ist.

Die Temperatur wird bei Anwendung dieser Formel in absoluten Einheiten gemessen, in Grad Kelvin (°K). Dafür muss zur Temperaturangabe in Grad Celsius (°C) immer 273 hinzugezählt werden. Zimmertemperatur ist also 300 °K, Wasser siedet bei etwas unter 400 °K. Zur überschlägigen Berechnung genügt es, wenn bei den Beispielen abgerundete Zahlen verwendet werden.

Beispiel Dampflokomotive: Nimmt man die Temperatur des austretenden Dampfes mit 400 °K an und die Kesseltemperatur mit 200 °C, also 500 °K, so ergibt sich ein thermodynamischer Wirkungsgrad von

W = 1 – 400:500 = 1/5 oder 20 %.

Das ist jedoch nicht der Gesamtwirkungsgrad. In ihn geht noch die Wärmeabstrahlung des Kessels ein, die Reibung in den mechanischen Teilen und noch anderes mehr. Der Gesamtwirkungsgrad einer Dampflokomotive liegt bei etwa 5 Prozent. Dampflokomotiven sind unwirtschaftlich und wurden genau deshalb aus dem Betrieb genommen.

Bei unseren thermischen Kraftwerken sieht die Lage schon besser aus. Sie arbeiten mit Dampftemperaturen von 400 bis 450 °C und haben damit einen thermodynamischen Wirkungsgrad von etwa 42 Prozent. Würde man durch Modernisierung die Dampftemperatur auf 500 °C erhöhen, hätte man schon einen thermodynamischen Wirkungsgrad von 50 Prozent. Modernste Kraftwerke in den USA arbeiten mit Dampftemperaturen von bis zu 650 °C. Die Dampfleitrohre sind dabei rot glühend. Der thermodynamische Wirkungsgrad liegt bei knapp 60 Prozent.

Durch eine Verbesserung des thermodynamischen Wirkungsgrades erzielt man drei Vorteile: Man braucht weniger Kohle für die gleiche Elektrizitätsmenge, spart also Energierohstoffe, es entstehen weniger Abgase und es werden Kosten gespart. Unsere deutschen thermischen Kraftwerke sind bis auf ein Braunkohlekraftwerk in Lippendorf alle älter als 25 Jahre. Würde man diese modernisieren oder neue bauen, so wären alle Windkraftwerke und alle Solaranlagen überflüssig. Seit Jahrzehnten wird darüber diskutiert, geschehen ist nichts.

Während Braunkohle in Deutschland noch reichlich vorhanden ist, geht der Vorrat an abbauwürdiger Steinkohle langsam zu Ende. Steinkohle liegt tief und in nur schmalen Flözen. Nur durch beträchtliche Subventionen kann der Betrieb der Bergwerke aufrechterhalten werden. Importkohle kostet ungefähr ein Viertel der in Deutschland geförderten Kohle. Auf jeden in Deutschland im Steinkohlebergwerk Beschäftigten wurde im Jahr 2005 75.000 € an Subventionen gezahlt.

Man muss sich dabei jedoch immer darüber im Klaren sein, dass Subventionen Gift für die Wirtschaft sind. Der Grund ist einfach: Das Geld muss irgendwoher kommen, aus wirtschaftlich arbeitenden Betrieben, die somit zusätzlich belastet werden.

Das Argument, Subventionen im Steinkohlebergbau sind notwendig, um damit Arbeitsplätze zu erhalten, gilt nicht. In anderen Betrieben werden durch die finanzielle Belastung Arbeitsplätze gefährdet und fallen weg. Eine Volkswirtschaft muss immer als eine Gesamtheit betrachtet werden.

Kohlevorräte sind weltweit noch reichlich vorhanden. In Australien wird Steinkohle zu konkurrenzlosen Kosten im Tagebau abgebaut, und auch in Sibirien liegt die Kohle stellenweise an der Oberfläche. Kohle kann noch für lange Zeit ein wertvoller Energierohstoff sein.

Gegen den Betrieb von Kohlekraftwerken spricht, dass bei der Verbrennung von Kohle umweltschädliche Abgase entstehen.

Die in den Kraftwerken verfeuerte Steinkohle besteht aus etwa 90 Prozent Kohlenstoff, der Rest verteilt sich auf Wasser und Verunreinigungen. Die verbrannten Verunreinigungen können in den Abgasen ausgefiltert werden, auch Ruß, und der Wasserdampf schadet nicht. Die Hauptmenge der Abgase besteht aus Kohlendioxid, das notwendigerweise bei jeder Verbrennung von Kohle oder Kohlenwasserstoffen entsteht und sich nicht vermeiden lässt.

Dieses Gas wird von unseren Politikern als umweltschädlich angesehen und für den Treibhauseffekt, also für die zunehmende Erwärmung der Erdoberfläche, verantwortlich gemacht. Wenn es nicht vermieden werden kann, so soll es aufgefangen und auf irgendeine Weise gelagert werden. Solche Vorschläge gibt es.

Grundsätzlich gibt es zwei Möglichkeiten für ein sogenanntes CO_2-freies Kohlekraftwerk. Um aus dem Verbrennungsgas reines CO_2 zu erhalten, muss entweder die Verbrennung unter reinem Sauerstoff erfolgen, oder das Kohlendioxid muss aus dem Rauchgas herausgewaschen werden.

Reiner Sauerstoff entsteht jedoch erst mittels teurer und energieaufwändiger Verfahren. Technisch geschieht das durch Verflüssigung der Luft unter erhöhtem Druck, Abkühlung auf -140 °C und nachgeordneter fraktionierter Destillation. Die zur Abkühlung und zum Erreichen des notwendigen Druckes, des sogenannten kritischen Druckes, benötigte Energie geht verloren.

Da die Verbrennung von Kohle mit Sauerstoff eine höhere Temperatur ergibt, ist auch eine Neukonstruktion der Kessel erforderlich. Man hat diese Methode nicht weiter verfolgt und sich auf das Auswaschen von Kohlendioxid aus dem Rauchgas verlegt, auch im Hinblick darauf, diese Technologie bei bestehenden Kraftwerken nachrüsten zu können.

Ein 800-Megawatt-Großkraftwerk, das mit der Methode der Rauchgaswäsche arbeiten soll, befindet sich laut Georg Küffner (FAZ) bereits in Planung. Dafür ist der Aufwand jedoch beträchtlich. Allein für die Waschanlage seien 350 Millionen Euro veranschlagt worden. Da Wäscher, Tanks, Wärmeaustauscher, Pumpen und Rohrleitungen untergebracht werden müssten, werde für die Waschanlage ebenso viel Fläche benötigt wie für das eigentliche Kraftwerk.

Das Verfahren selbst erfordert demnach eine ganze Reihe von Schritten. Zuerst muss das entschlackte und entschwefelte heiße Rauchgas heruntergekühlt werden. Darauf wird es in den Wäscher geleitet, einen riesigen Tank, in dem das Lösungsmittel auf das Rauchgas rieselt und das CO_2 aufnimmt. Das übrige ausgewaschene Abgas entweicht nach oben in die Umgebung, während das mit Kohlendioxid beladene Lösungsmittel zum Desorber strömt. Dort wird es unter Aufwand von viel Dampf aus dem Kraftwerk erhitzt. Das ausgetriebene CO_2 wird verdichtet, das Lösungsmittel heruntergekühlt und in den Wäscher zurückgeleitet.

Für diesen Prozess gibt es allerdings noch überhaupt kein richtiges Lösungsmittel. Es wird also geplant und gebaut, obwohl man noch auf der Suche ist. Das in Betracht gezogene Monoethanolamin erfüllt die vielen Bedingungen nur unzureichend, und eine Antwort auf die Kardinalfrage *Wohin mit dem Kohlendioxid?* ist überhaupt noch nicht in Sicht.
Wenn die Einlagerung von Kohlendioxid in Betracht gezogen wird, muss man auch nach möglichen Folgen und Gefahren sowie nach der Wirtschaftlichkeit fragen. Ein Kohlekraftwerk mit einer mittleren Leistung von 700 MW stößt bei einem Wirkungsgrad von 40 Prozent im Jahr rund 3 Millionen Tonnen CO_2 aus. Bei Normaldruck entspricht das einem Volumen von 1.500 Millionen m^3. Das ist das 7,5fache des Fassungsvermögens des zweitgrößten Stausees in Deutschland, des Edersees.

Komprimiert man CO_2 auf 55 bar, so wird es flüssig, nimmt aber immer noch 4 Millionen m³ ein - ein gigantisches Volumen. Ein CO_2-freies Kraftwerk benötigt ein ständig verfügbares Endlager. Eine Zwischenlagerung in Druckbehältern so riesiger Ausmaße ist nicht möglich. Die zur Kompression notwendige gewaltige Energie wäre jedenfalls verloren. Für den Fall der Endlagerung des CO_2 unter der Erde, z. B. in einem stillgelegten Bergwerk, muss mit absoluter Sicherheit gewährleistet sein, dass das Gas nicht wieder an die Oberfläche gelangen kann. Da CO_2 das 1,5fache von Luft wiegt, also erheblich schwerer als Luft ist, würde es sich in Senken sammeln oder wie Wasser einen Talabschnitt hinabfließen.

Schon der Gehalt der Luft von 10 Prozent CO_2 führt bei Menschen zu Bewusstlosigkeit. So gibt es auf Java ein *Tal des Todes*, in dem sich aus Erdspalten soviel Kohlendioxid ansammelt, dass es bei Windstille nicht zu durchschreiten ist. Im Jahr 1986 gab es in Kamerun eine schlimme Naturkatastrophe, als aus dem Nyos-See explosionsartig gewaltige Mengen CO_2 austraten und über 2.000 Menschen daran erstickten. Das Gas vulkanischen Ursprungs hatte sich über längere Zeit unter dem Kratersee angesammelt. Man schätzte die Gasmenge auf 170 Mio. m³, etwa die Menge, die das zum Vergleich herangezogene Kraftwerk in einem Monat erzeugt.

Für eine sichere Endlagerung der gewaltigen Menge von Kohlendioxid ist keine Lösung in Sicht. Aber auch wirtschaftlich ist ein derartiges Kraftwerk nicht zu betreiben. Durch die Maßnahmen der Endlagerung bedingt, geht der Gesamtwirkungsgrad der Anlage ganz erheblich zurück. Der Strom wird zwei- bis dreimal so teuer. Das CO_2-freie Kraftwerk hat daher keine Zukunft.

In Deutschland werden von den thermischen Kraftwerken rund 480 Millionen Tonnen Kohlendioxid in die Atmosphäre entlassen. Pro Tonne verbrannter Steinkohle sind das 3,3 t CO_2. Im

Jahr 2000 erzeugten die deutschen Kraftwerke für 1 kWh Strom 0,57 Kilogramm CO_2. Aus einem Kilogramm Kohle wurden 1,7 bis 2,3 kWh Strom erzeugt. Der Wert schwankt je nach verwendeter Technik und nach dem Auslastungsgrad des Kraftwerks.

Wie bei jeder Maschine arbeitet auch ein Großkraftwerk dann mit dem besten Wirkungsgrad, wenn es die Leistung erbringt, für die es konstruiert ist.

Kohlendioxid ist kein Schadgas. Es hat keinen messbaren Einfluss auf die Erderwärmung, sondern ist im Gegenteil ein lebensbegründendes und lebenserhaltendes Nutzgas. Ohne CO_2 wäre die Erde ein toter Himmelskörper. Denn die Grundlage für unsere Ernährung und Bekleidung bilden die Pflanzen. Sie filtern das Spurengas Kohlendioxid aus der Luft heraus und nehmen es auf. Wie in einer chemischen Fabrik zerlegen sie es mit Hilfe der Energie des Sonnenlichts in die Bestandteile Kohlenstoff und Sauerstoff. Den Sauerstoff entlassen sie in die Atmosphäre. Wir brauchen ihn zum Atmen. Aus dem Boden nehmen Pflanzen Wasser auf, um es in Wasserstoff und Sauerstoff zu zerlegen. Dieser Sauerstoff wird ebenfalls in die Luft entlassen.

Kohlenstoff und Wasserstoff wandeln sie zu Kohlenwasserstoffen um und bauen sich daraus Stängel, Blätter und Früchte, die wir wiederum zu unserer Ernährung benötigen. Je mehr Menschen es gibt, desto mehr Pflanzen werden benötigt, also auch mehr Kohlendioxid, mehr Feuchtigkeit und mehr Sonnenlicht. Das Sonnenlicht, der Wasserdampf und das Kohlendioxid in der Atmosphäre haben in den letzten hundert Jahren messbar zugenommen.

Es muss sich die Erkenntnis durchsetzen, dass diese Prozesse die Voraussetzung für das Überleben einer wachsenden Zahl von Menschen auf unserer begrenzten Erde sind.

5

Kohlendioxid –
Gift für das Klima?

Der Gehalt von CO_2 in der Atmosphäre hat auf das Klima keinen messbaren Einfluss. Das Klima wird von der Sonne bestimmt. Kohlendioxid ist ein lebensbegründendes und lebenserhaltendes Nutzgas, Grundlage für den Pflanzenwuchs.

Kohlendioxid, CO_2, ist ein Spurengas in der Atmosphäre. Es ist farb- und geruchlos. Es ist eine Tatsache, dass der Gehalt in den letzten hundert Jahren von 0,03 Prozent auf 0,038 Prozent gestiegen ist. In dieser Zeit ist auch die Oberflächentemperatur der Erde um etwa 1 °C gestiegen.

Für die politisch engagierten Klimaschützer ist der Zusammenhang klar: Das Kohlendioxid, das durch die Verbrennung von Kohle, Öl oder sonstigen Kohlenwasserstoffen entsteht, ist daran schuld. Es muss vermieden werden. Sonst geht die Erwärmung der Erde weiter, es kommt zur Klimakatastrophe, die uns alle bedroht. Davor müssen wir Angst haben. CO_2 ist das dafür verantwortliche Treibhausgas. So einfach ist das.
Aber stimmt das auch? Nein. Es hat schon immer Kälteperioden und Warmzeiten gegeben, ohne dass man das Kohlendioxid dafür verantwortlich machen kann.

Aus geologischen Forschungen weiß man, dass es in den letzten 400.000 Jahren mindestens vier Eiszeiten gegeben hat. Dabei fällt auf, dass der Kohlendioxidgehalt der Luft auf eine ähnliche Weise wie die Temperatur schwankt. In den Eiszeiten waren beide Werte niedriger, in den Warmzeiten höher.

Eine genaue Analyse hat ergeben, dass der Temperaturanstieg immer dem CO_2-Anstieg vorausging. Die Erderwärmung kann daher nur die Ursache und nicht die Folge für die Zunahme von CO_2 in der Atmosphäre sein. Ein Zusammenhang ist zwar zu vermuten. Doch was davon ist Ursache, was Wirkung? Gibt es einen gemeinsamen, noch nicht bekannten Auslöser?

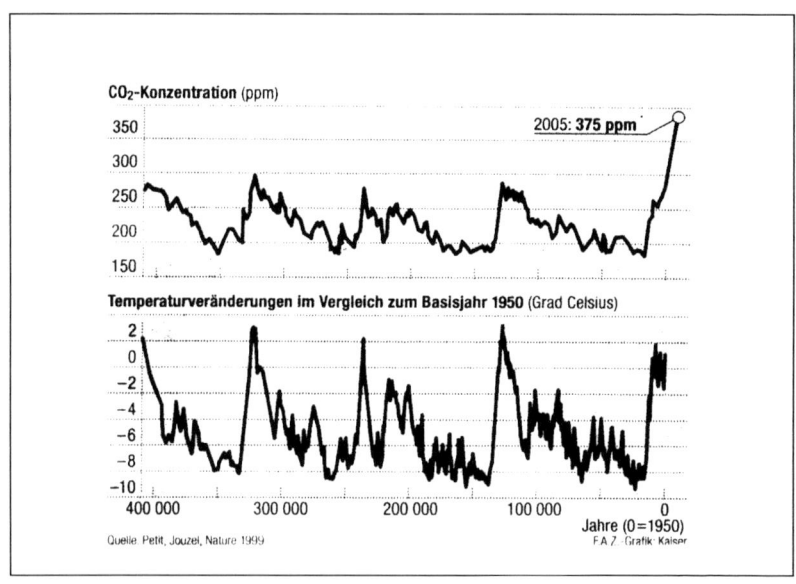

Abb. 1: Temperatur und CO_2-Gehalt in den letzten 400.000 Jahren (ermittelt aus Eiskernen).
Das Klima auf der Erde wird durch die Sonne bestimmt. Wenn die Einstrahlung stärker wird, steigt die Temperatur. Das im Wasser gelöste Kohlendioxid gelangt zunehmend in die Atmosphäre, der CO_2-Gehalt steigt.

Abb. 2: Abschmelzende Gletscher in Grönland

Im Jahr 874 haben die damaligen Norweger, die Wikinger, Grönland entdeckt. Sie nannten es *Grünland*, weil dort Ackerbau und Viehzucht möglich war. In den Wintermonaten fiel dort Schnee und das Land bedeckte sich allmählich mit einer dicken Eisschicht. Es schneite auch im ganzen Polarbereich und in der Arktis. Heute ist das nicht möglich, weil die Luft dort zu kalt ist. Den Beweis liefert das Eis im Polarkreis. Es ist Süßwassereis, kein gefrorenes Meerwasser.

Auf die Warmzeit folgte eine Kälteperiode, die sogenannte „Kleine Eiszeit", die sich ab etwa 1400 über Jahrhunderte in Europa erstreckte. Die Folge: Gigantische Hungersnöte. Der Mensch hatte keinen Einfluss auf diese Entwicklung.

Was also war die Ursache dafür?

Das Klima auf der Erde wird von der Sonne bestimmt. Kälteperioden und Warmzeiten sind die Folge einer unterschiedlichen Sonneneinstrahlung.

Die Aktivität der Sonne hat in den letzten 100 Jahren zugenommen. Dafür gibt es verlässliche Messungen. Allerdings reicht die Zunahme der Sonneneinstrahlung allein noch nicht aus, um den Wert der Temperaturerhöhung um 1 °C zu erklären. Es muss noch andere Effekte geben.

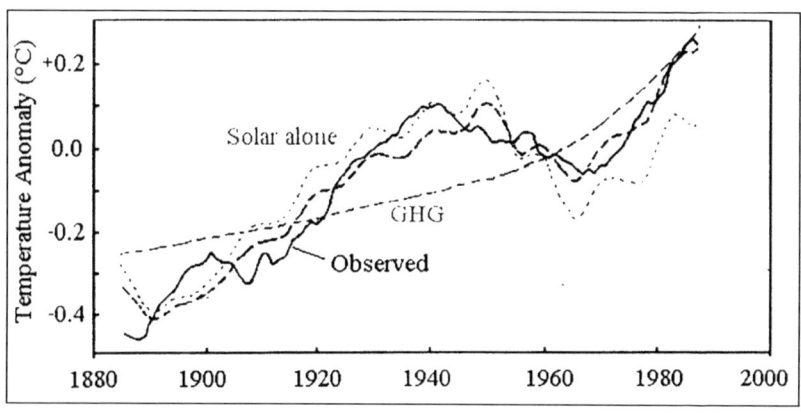

Abb. 3: Sonnenaktivität und Temperatur 1880 bis 1990.
GHG zeigt den Anstieg des Gehaltes von Gewächshausgasen.

Insgesamt ist unser Klima die Folge zahlreicher, recht komplizierter Zusammenhänge, die längst noch nicht alle geklärt sind. Da gibt es noch ein weites Feld für die Forschung. Dabei ist die Rolle des Kohlendioxids als Treibhausgas nur unbedeutend und praktisch zu vernachlässigen.

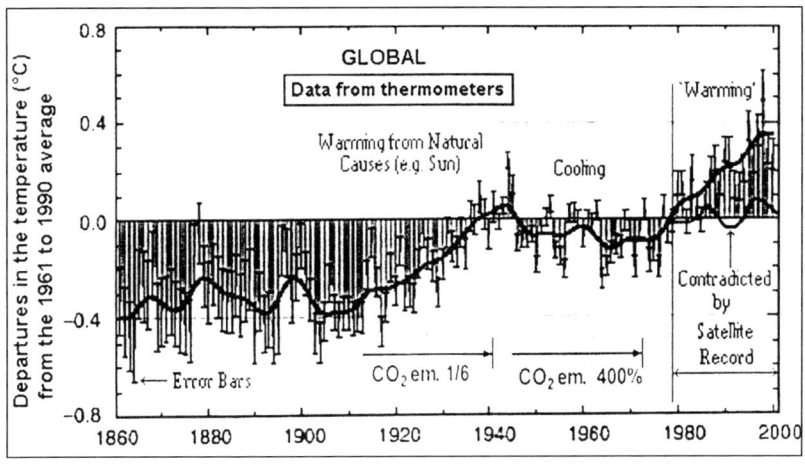

Abb. 4: Globaler Temperaturverlauf ab 1860 (IPCC 2001, ergänzt).
Zwischen 1940 und 1960 gab es einen Temperaturrückgang, obwohl kriegs-
bedingt die CO_2–Emission stark angestiegen war.

Die Sonne strahlt Energie über den gesamten Spektralbereich
von ultraviolett bis infrarot auf die Erde ein. Die gleiche Menge
an Energie wird wieder in den Weltraum abgestrahlt. Das geschieht zum Teil durch Reflexion als sichtbares Licht und zum
Teil als Wärmestrahlung. Das Gleichgewicht zwischen Einstrahlung und Abstrahlung kann zeitweise variieren mit der
Folge einer Erwärmung oder einer Abkühlung der Erdoberfläche.

Folgende Hauptfaktoren beeinflussen das Strahlungsgleichge-
wicht:

1. Reflexion von sichtbarem Licht
2. Rückhalt der Wärmestrahlung durch die Atmosphäre
3. Stärkere UV-Einstrahlung durch Ausdünnung der
   Ozonschicht

4. Beeinflussung der Erwärmung der Erdoberfläche durch menschliche Aktivitäten
5. Kohlendioxid und Leben

Man muss die Frage stellen, ob bei der Vielfalt der Faktoren die Fixierung auf die Reduktion des CO_2-Gehaltes der Luft wirklich das Problem der Erderwärmung lösen kann, ja, ob überhaupt menschliche Maßnahmen einen merklichen Einfluss auf die Wärmebilanz der Erde und damit auf das Klima haben können.

1. Reflexion des Sonnenlichts

Aufnahmen der Erde von Satelliten oder aus der Internationalen Raumstation zeigen deutlich, wo das Sonnenlicht mehr oder weniger reflektiert wird. Die Ozeane erscheinen dunkel und reflektieren weniger Licht, die Eisflächen an den Polkappen und die der Gletscherregionen erscheinen hell und reflektieren das Sonnenlicht besonders stark. Auch die großen Wüstengebiete erscheinen hell.

Da die Eisflächen der Polarregionen schrumpfen und auch die Gletscher abschmelzen, allein in Grönland sind in den letzten zehn Jahren einige hundert Kubikkilometer Eis abgeschmolzen, wird weniger Sonnenlicht reflektiert, also mehr absorbiert. Das trägt zwangsläufig zur weiteren Erwärmung bei, ist also ein selbstverstärkender Effekt der Einstrahlung.

Hinzu kommt, dass von den eisfreien Gesteinsflächen Staub auf die noch vereisten Gebiete geweht wird. Dadurch werden sie grau wie das umgebende Gestein und nehmen mehr Sonnenlicht auf. Weil die Erde wärmer wird, behält sie noch mehr von der eingestrahlten Energie. Übrigens vermindern auch die Solarkraftwerke die Reflexion und erwärmen dadurch die Erde, wenn auch nur minimal.

2. Wärmerückhaltung durch die Atmosphäre

Tatsache ist, dass die gesamte Lufthülle der Erde für den Rückhalt der von der Sonne eingestrahlten Wärme sorgt. Ohne Atmosphäre würde auf der Nachtseite unseres Planeten Weltraumkälte herrschen, genau wie auf der Nachtseite des Mondes, der keine Atmosphäre hat.

Die Luft besteht aus 78 Prozent Stickstoff und 20 Prozent Sauerstoff, den Rest teilen sich die Edelgase und die Spurengase, darunter das Kohlendioxid. Dessen Anteil beträgt 38 Tausendstel Prozent, das sind 38 CO_2-Moleküle in hunderttausend Teilen Stickstoff und Sauerstoff. Vor 100 Jahren waren es 30 Tausendstel Prozent. Die Zunahme um 8 Tausendstel Prozent erfolgte nach und nach, also etwa alle 10 Jahre ein Teil in hunderttausend Teilen Stickstoff und Sauerstoff. Und diese, die man suchen muss wie eine Stecknadel im Heuhaufen, sollen schuld sein an der Erwärmung der Landmasse, der Ozeane, der Lufthülle, am Abschmelzen der Polarkappen und der Gletscher, eine weltweite Klimakatastrophe verursachen, den Meeresspiegel ansteigen lassen mit der Gefahr, ganze Landstriche und Inseln zu überfluten?

Extreme Zahlenwerte haben ihr Geheimnis:
Man kann sie sich nicht vorstellen, man braucht Vergleiche. Zum Beispiel sind 8 Teile in hunderttausend auch 8 Meter in 100 Kilometern. 8 Meter mehr oder weniger bei einer Fahrstrecke von 100 Kilometern haben keinen messbaren Einfluss auf Fahrzeit oder Benzinverbrauch. Ebenso wenig haben 8 Teile eines Gases in hunderttausend einen anderen Einfluss auf die Wärmebilanz der Erde. Diese rein logische Feststellung müsste eigentlich den ganzen CO_2-Unsinn widerlegen.

Dann wird das Schlagwort „Treibhausgas" in die Welt gesetzt. Ein Treibhaus hat ein festes Glasdach, das zwei unterschiedlich warme Luftmassen voneinander trennt. 8 CO_2-Moleküle in hunderttausend anderen sind dazu nicht in der Lage, auch keine 38 Teile. Kohlendioxid schafft kein Treibhaus.

Wenn man trotzdem auf Begriffe wie „Treibhaus" und „Glasdach" nicht verzichten will, würde das bedeuten, dass, bezogen auf den Gesamtgehalt von Kohlendioxid in der Atmosphäre, der jährliche CO_2-Ausstoß aller deutschen Kraftwerke der Verstärkung eines 3 mm dicken Glasdaches um einige Zehntausendstel Millimeter gleichkommt.

Für die Temperatur im Gewächshaus wäre das absolut unbedeutend. Also würde auch eine Stilllegung sämtlicher thermischer Kraftwerke in Deutschland nicht den geringsten Einfluss auf die Temperatur haben. Auch die weltweit erzeugten 15.000 Millionen Tonnen CO_2, einschließlich der 2.000 Millionen Tonnen durch die Atmung, hätten keinen messbaren Temperaturanstieg zur Folge.

Zu dem gleichen Ergebnis kommen die Naturgesetze: Kohlendioxid ist nicht klimawirksam: Als der deutsche Physiker Walter Nernst im Jahre 1906 die Theorie der Thermodynamik abschloss, fasste er sein Ergebnis in drei, heute noch gültigen Hauptsätzen zusammen. Von diesen drei interessiert in diesem Zusammenhang nur der Zweite Hauptsatz. Er lautet: Wärme kann nur von einem wärmeren auf einen kälteren Körper übergehen. Eigentlich müsste ein jeder an dieser Stelle sagen, dass das auch selbstverständlich ist.
Dazu ein Beispiel aus dem täglichen Leben: An einem sonnigen Tag ist der Sand am Strand 30 °C warm geworden. Vom Meer her weht eine kühle Brise: 20 °C. Was passiert? Die Luft, also die Gasmoleküle Stickstoff, Sauerstoff und auch Kohlendioxid, erwärmt sich. Die CO_2-Moleküle haben die besondere Eigenschaft, dass sie Wärme besonders schnell aufnehmen. Wie warm werden sie? 30 °C, so warm wie der Sand. Wärmer können sie nicht werden, da Wärme nur von einem wärmeren auf einen kälteren Körper übergehen kann. Weil sie gleich

warm sind wie der Sand, können sie auch keine Wärme zurückstrahlen.

Der „Treibhauseffekt" reduziert sich auf die Tatsache, dass die CO_2-Moleküle etwas schneller warm werden. Man kann abschätzen, dass das eine Erwärmung von einigen Tausendstel Grad bewirken würde: Ein schlechtes Treibhaus!

Ein weit wirksameres Treibhausgas als Kohlendioxid ist Methan, CH_4. Es wirkt zwanzigmal so stark, ist aber nur in so geringer Menge in der Luft enthalten, dass der Einfluss auf die Wärmedämmung etwa der des CO_2 entspricht. Verlässliche Messungen über die Zunahme von Methan in den letzten 100 Jahren gibt es nicht. Methan entsteht bei Fäulnisvorgängen in der Natur und auch in der Landwirtschaft. Da diese mit dem Bevölkerungswachstum von einer auf sechs Milliarden Menschen der letzten 100 Jahre in ähnlichem Umfang zugenommen hat, ist auch mehr Methan entstanden. Methan ist zu 90 Prozent im Erdgas enthalten, und überall dort, wo Erdgaslagerstätten sind, diffundiert es beständig mehr oder weniger in die Luft.

Zu den Treibhausgasen gehört auch Distickstoffmonoxid (N_2O, Lachgas), das dreihundertmal so wirksam wie Kohlendioxid ist. Wegen seiner äußerst geringen Konzentration in der Atmosphäre hat es jedoch keine signifikante Bedeutung.

Das könnte sich aber ändern: Es wurde festgestellt, dass etwa vicr bis fünf Prozent des in der Landwirtschaft verwendeten Stickstoffdüngers als N_2O in die Luft gelangen. Die Landwirtschaft wird zwangsläufig weltweit zunehmen und intensiver betrieben werden, ungeachtet der subventionierten Biobauern, die auf Kunstdünger verzichten.

Dafür gibt es zwei Gründe:

Erstens nimmt die Bevölkerung zu, zwar nicht in Europa, aber doch in Indien, Indonesien, Afrika, den arabischen Ländern und in Südamerika. Da mit einer Verdoppelung bis Verdreifachung gerechnet werden muss, kann die Landwirtschaft auf die Verwendung von Stickstoffdünger nicht verzichten, denn am Anfang jeder Nahrungskette stehen Pflanzen.

Zum anderen werden in aller Welt Biokraftstoffe, also Kraftstoffe aus dem Acker, propagiert und gefördert. Diese verdienen in Wirklichkeit die Bezeichnung *bio* überhaupt nicht, denn der bei uns übliche Anbau von Raps und der von Zuckerrohr in anderen Ländern erfolgt mit kräftiger Kunstdüngung. Die Behauptung, Biokraftstoffe seien „klimaneutral", ist daher eine Irreführung. Es müsste vielmehr damit gerechnet werden, dass N_2O die angenommene Treibhauswirkung von CO_2 zukünftig übertreffen wird.

Das am stärksten wirksame Treibhausgas, der Wasserdampf, wird meist überhaupt nicht genannt. Jeder weiß, dass es nachts nicht so kalt wird, wenn der Himmel mit Wolken bedeckt und nicht klar ist. Durch die Erwärmung der Erde, nicht nur auf dem Festland, sondern auch der Weltmeere, hat die Verdunstung zugenommen. Ebenso hat sich der Absolutwert der Feuchtigkeit der Luft erhöht.

Auch das ist ein Prozess, der selbstverstärkend wirkt: Weil es wärmer wird, steigt die Temperatur weiter. Das Treibhausgas Wasserdampf kann als die Hauptursache für die Zunahme der Oberflächentemperatur angesehen werden. Die Folgen sind Starkregen und Unwetter. Erhöhter Wasserdampfgehalt und Temperaturanstieg werden dazu führen, dass es in ferner Zukunft in den Polargebieten wieder schneit und die Polkappen mit mehr Eis bedeckt werden. Das alles sind Prozesse, die vom Menschen unabhängig sind und von ihm nicht beeinflusst werden können.

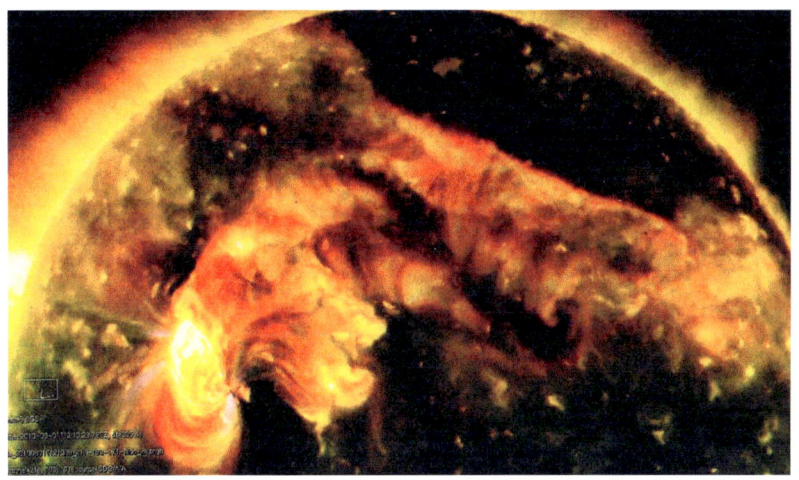

Abb. 5: Die Sonne bestimmt das Klima.
Bereiche unterschiedlicher Strahlungsaktivität auf der Nordseite der Sonne.

3. Zunahme der UV-Einstrahlung

Seit Jahren ist bekannt, dass die Ozonschicht in der hohen Atmosphäre dünner wird. Man spricht von „Ozonloch", obwohl die Schicht genau genommen keine Löcher hat, sondern stellenweise, besonders auf der Südhalbkugel der Erde, sehr dünn geworden ist. Ozon hat die Eigenschaft, die kurzwellige Strahlung der Sonne, das ultraviolette Licht, zurückzuhalten. Das UV-Licht ist energiereich und kann zur Schädigung der Haut führen.

Die Ultravioletteinstrahlung der Sonne ist die Ursache, dass in der Atmosphäre, besonders in 35 km Höhe, Ozon überhaupt entsteht, also Sauerstoff O_2 zu Ozon O_3 umgewandelt wird. Im Winter wird bei uns wegen der geringeren Sonneneinstrahlung die Ozonschicht dünner, im Sommer nimmt sie wieder zu. Die Haut bräunt deshalb im Frühjahr stärker als im Herbst.

41

Über den Beitrag des UV-Effektes zur Erwärmung gibt es nur sehr unsichere Angaben. Auf der Südhalbkugel trägt er vermutlich zum auffallend stärkeren Abschmelzen der Gletscher der Antarktis bei.

4. Erderwärmung durch menschliche Aktivität

Die Zunahme der Weltbevölkerung von einer auf sechs Milliarden in 100 Jahren hat einen direkten Beitrag zur Erderwärmung geleistet. Mehr Menschen benötigen mehr Energie. Und so hat sich der Energieumsatz in dieser Zeit verzehnfacht. Energie wird aber nicht verbraucht, sondern nur von einer Energieform in eine andere umgewandelt. Dabei ist es egal, von welcher Energieform man ausgeht, ob es sich um chemische Energie (Verbrennung), elektrische Energie (jedes Elektrogerät wird warm), potenzielle Energie (Wasserkraft) oder Bewegungsenergie (Abbremsung eines Autos) handelt. Auch Solar- und Windenergie produzieren letztendlich Wärme.

Die Forderung, die daraus resultiert, nämlich den Energieumsatz zu reduzieren, wird wohl schwer durchzusetzen sein. Mehr Menschen auf der Erde brauchen zum Überleben mehr Energie, auch Komfortansprüche werden wachsen, es wächst der Energiebedarf für alle möglichen Vergnügungen, auf die man nicht verzichten möchte. Ergebnis: Die Zunahme der Weltbevölkerung wird zur weiteren Erderwärmung führen.
Die Frage, ist CO_2 wirklich umweltschädlich und Gift für das Klima, ist dabei noch nicht beantwortet.

Die Aufzählung einer Reihe von klimawirksamen Faktoren zeigt, dass Kohlendioxid allein keinesfalls klimabestimmend sein kann.   Die Zusammenhänge sind äußerst kompliziert. Welche Rolle spielt aber CO_2 auf der Erde?
Der Gesamtgehalt der Atmosphäre an Kohlendioxid beträgt $1,76 \cdot 10^{12}$ t, das sind 0,038 Prozent der Luft. In den Ozeanen

und in den Süßwasserseen ist schätzungsweise sechzigmal soviel enthalten, da es in Wasser leicht löslich ist. Die Löslichkeit ist von Druck und Temperatur abhängig. Jeder weiß, dass man Kohlendioxid aus Mineralwasser vertreiben kann, wenn man es erwärmt. So ist auch der Gehalt in kalten Gewässern höher und nimmt mit der Tiefe zu. Zwischen dem Gehalt im Wasser und in der Atmosphäre besteht ein Gleichgewicht.

5. Kohlendioxid und Leben

Kohlendioxid ist unabdingbar für alles Leben auf der Erde, es gäbe sonst keine Pflanzen und keine Tiere. Das Chlorophyll der Pflanzen wandelt mit der Energie des Sonnenlichts CO_2 und Wasser in feste Bestandteile um. Die Photosynthese läuft nach der Gleichung ab: $6\ H_2O + 6\ CO_2 = C_6H_{12}O_6 + 6\ O_2$
Der dabei frei werdende Sauerstoff dient den Tieren zur Atmung. Sie „verbrennen" mit dem Sauerstoff die als Nahrung aufgenommenen Kohlenwasserstoffe, gewinnen daraus Energie und atmen CO_2 aus. Die Atmung der Menschen liefert etwa 1.500 Millionen Tonnen CO_2 im Jahr.

Es gibt also einen Kohlendioxidkreislauf. Dieser findet auch im Wasser statt. Wo der CO_2-Gehalt höher ist, in kalten Gewässern, bildet sich besonders viel Phytoplankton. Das ist der Anfang der Nahrungskette in den Ozeanen und erklärt den Fischreichtum der kalten Meeresteile. Erwärmt sich das Wasser einmal außergewöhnlich, wie bei El Nino im Pazifik, so bleibt der Fischreichtum aus.

Der Kohlendioxidgehalt der Luft war im Lauf der Erdgeschichte sehr unterschiedlich. Wenn man mehr als 100 Millionen Jahre zurückgeht, findet man einen um Größenordnungen höheren Anteil als heute. Das Klima war damals warm und feucht, es gab eine üppige Vegetation, eine reiche Tierwelt mit riesigen

Sauriern. Die hatten genug Nahrung. Heute würden sie in kurzer Zeit die Erde kahl fressen.

Auch der CO_2-Gehalt in den Meeren war hoch, es gab Wasserpflanzen mit gewaltigen Blättern, wie Versteinerungen uns heute zeigen. Der hohe Kohlendioxidgehalt der Meere führte zu einer ungeheuren Vermehrung der Kalkalgen, die in ihren Schalen aus Kalziumkarbonat den Kohlenstoff des CO_2 gespeichert haben.

Der gleiche Vorgang lief auch bei den Korallen ab, die ganze untermeerische Gebirge wie etwa das Große Barriere-Riff vor Australien errichtet haben.

Die Kalkalgen sind abgestorben, ihre Schalen haben im Lauf der Erdgeschichte Sedimentgesteine gebildet, die wir heute als Kalkgebirge in aller Welt wiederfinden. Bei uns sind es die Kalkalpen, der Jura oder die Schwäbische Alb. In den Poren und Spalten dieser Gesteine blieben gewaltige Mengen von Kohlendioxid aus der damaligen Zeit im Untergrund, die nach und nach an die Oberfläche diffundieren. Falls sich in der Tiefe Wasser befindet, kann dieses als kohlensäurehaltiges Mineralwasser an die Oberfläche gelangen. Aus diesem Grund finden sich am Rand von Kalkgebirgen zahlreiche Mineralquellen.

Die Hauptquelle natürlichen Kohlendioxids ist jedoch der Vulkanismus. In Europa liefert der Ätna schätzungsweise jährlich ca. 25 Mio. Tonnen CO_2 in die Atmosphäre. Diese Menge kann aber auch bei einem einzigen großen Ausbruch austreten. Im ganzen Vulkangürtel um den Pazifik sowie von den isländischen Vulkanen werden jährlich gewaltige Mengen CO_2 geliefert. Aber auch in Gebieten von früherem Vulkanismus tritt noch heute CO_2 aus der Erde aus. Auch dort gibt es kohlensäurehaltige Mineralquellen. Insgesamt stammen aus natürlichen Quellen etwa $4 \cdot 10^{11}$ Tonnen jährlich, rund zehnmal soviel wie aus menschlichen Aktivitäten.

Kohlendioxid ist nicht nur ein naturgegebener und unschädlicher, sondern ein lebensnotwendiger Bestandteil der Luft. Das war schon längst so, bevor es Menschen gab. Versuche, den Gehalt durch menschliche Maßnahmen zu ändern, sind allein schon von der Größenordnung her zum Scheitern verurteilt und daher sinnlos. Es ist gut, dass es dieses zum Leben notwendige Gas gibt und auch noch lange geben wird. Ohne CO_2 wäre unser Planet Erde ein toter Himmelskörper.

Pflanzen sind ein Wunder der Natur, ein Wunder der Schöpfung. Sie können etwas, was keine menschliche Technik zustande bringt. Sie sind in der Lage, das Spurengas CO_2 aus der Luft herauszufiltern und aufzunehmen. Sie spalten es auf und bilden zusammen mit Wasser Kohlenwasserstoffe für die festen Bestandteile wie Stämme, Stängel, Blätter, Blüten und Früchte. Sie bilden Farbstoffe und Aromastoffe, Tag für Tag, Millionen von Tonnen.

Doch es gibt Grenzen. So wie der Mensch in einer Höhe von über 5.000 Metern nicht mehr atmen kann, weil die Luft zu dünn und zu wenig Sauerstoff vorhanden ist, können Pflanzen oberhalb der Baumgrenze nicht mehr gedeihen. Die Luft ist für sie zu dünn und das CO_2-Angebot zu gering. In großer Höhe gibt es nur noch Nadelbäume. Sie sind immergrün, die dunkle Grünfärbung zeigt, dass sie reich an Chlorophyll sind, die große Blattoberfläche begünstigt die CO_2-Aufnahme. Auch das zur Bildung von Kohlenwasserstoffen nötige Wasser ist in der Höhe rar. Es gibt keine Regenwolken, die den Boden bewässern. Unser Lebensraum auf der Erde hat enge Grenzen. Der Versuch, den CO_2-Gehalt zu verringern, ist ein Irrweg.

6

Kernenergie –
zu riskant?

Das Risiko bei der friedlichen Nutzung der Kernenergie ist beherrschbar. Die Entwicklung neuer Kraftwerkstypen mit höherem Wirkungsgrad muss fortgesetzt werden.

Behandelt man das Thema Stromerzeugung durch Kernkraft, so trifft man auf Ablehnung mit der Begründung: Wir wollen das Risiko nicht.

Risiko ist ein versicherungsmathematischer Begriff. Es ist das Produkt aus Gefährdungspotenzial und Eintrittswahrscheinlichkeit. Wenn ein Versicherungsfall eingetreten ist, lässt sich das Risiko berechnen, und für mögliche Schadensfälle gibt es Abschätzungen. Im Autoverkehr wird das Gefährdungspotenzial klein gehalten, indem man sich anschnallt und einen Airbag im Auto hat. Die Eintrittswahrscheinlichkeit eines Unfalls wird minimiert, indem man vorsichtig fährt.

So kann man das Risiko für alle Tätigkeiten, für Sport und für Naturereignisse beziffern. Das gilt auch für Kernkraftwerke. Nun ist es nicht einfach, die Technologie der Energieerzeugung durch radioaktive Prozesse zu verstehen und noch schwieriger ist es, das alles zu erklären. Da sind der Angstmacherei Tür und Tor geöffnet. Doch es ist nötig, eine sachliche Diskussion zu führen und zu den Realitäten zurückzukehren.

Jeder Fortschritt hat seinen Preis, ein Nullrisiko gibt es nicht. Um das Risiko klein zu halten, müssen beide Faktoren, das Gefährdungspotenzial und die Eintrittswahrscheinlichkeit, minimiert werden. Es ist die Aufgabe der Kernforschung, ein Reaktorsystem mit geringem Gefährdungspotenzial zu entwickeln und die Eintrittswahrscheinlichkeit eines Störfalls zu begrenzen.

Es gibt keine technische Einrichtung, bei der es nicht einmal zu einer Störung kommen könnte. Auch ist dafür Sorge zu tragen, dass die Umwelt und die in ihr lebenden Menschen nicht betroffen werden.

Doch es muss dabei als erstes die Frage beantwortet werden, was an einem Kernkraftwerk im Gegensatz zu anderen Kraftwerken gefährlich ist.

Das Grundprinzip eines Kernkraftwerks ist einfach. Anstelle eines Kessels im Kohlekraftwerk, der durch Verbrennung von Kohle erhitzt wird und Dampf erzeugt, befindet sich ein Reaktordruckbehälter. In ihm wird Dampf durch einen radioaktiven Prozess erzeugt, der wie in einem Kohlekraftwerk eine Turbine antreibt, von der mittels eines Generators Strom erzeugt wird. Die Wärmeenergie kommt bei diesem Prozess aus der Kernspaltung, früher auch als Atomzertrümmerung bezeichnet.

Der deutsche Physiker Otto Hahn hat 1938 in einem Experiment gezeigt, dass dies möglich ist, wenn man das radioaktive, also strahlende Uranisotop 235 verwendet. Es wird „Bindungsenergie" frei, die das Atom zusammenhält, und diese tritt als Wärme in Erscheinung. Die aus dem ursprünglichen Uran 235 entstandenen neuen Atome sind zum Teil selbst radioaktiv, geben also Strahlung ab.

Das Wort „Atom" kommt aus der griechischen Sprache und bedeutet „unteilbar". Das heißt nicht, dass man ein Atom nicht zertrümmern kann. Nur ist es dann eben kein Atom mehr. Wenn man ein Haus zertrümmert, ist es auch kein Haus mehr, sondern ein Haufen Ziegelsteine. Die Bindungskraft, die der Mörtel bewirkt hat, wird dann frei. Aus dem Haufen Ziegelsteine kann man ein neues Haus bauen, und wenn das kleiner wird, braucht man auch weniger Mörtel. Entsprechend verhält es sich mit der Bindungsenergie eines Atoms.

Im Gegensatz zur Strahlung des sichtbaren Lichtes oder der elektromagnetischen Strahlung von Rundfunk- oder Fernsehsendern oder Mobilfunktelefonen sind die radioaktiven Strahlen ionisierend, d. h. sie können Elektronen aus einem Atom herausschlagen. Lebendes Gewebe kann dadurch erheblich geschädigt werden.

Man unterscheidet drei Arten von Strahlen radioaktiver Elemente, die unterschiedliche Eigenschaften und Wirkungen haben. Es ist im Rahmen dieses Berichtes unmöglich, auf die Einzelheiten einzugehen. Die Zusammenhänge sind kompliziert, so dass leicht Missdeutungen und Verwirrungen entstehen können.

Die drei Arten der Strahlung werden mit Alpha, Beta und Gamma bezeichnet:
Die *Alphastrahlung* ist eine Teilchenstrahlung geringer Reichweite, die stark ionisierend wirkt. Sie lässt sich leicht, z. B. durch ein Blatt Papier, abschirmen. Die *Betastrahlung* besteht aus freien Elektronen, die unterschiedliche Energie haben können. Sie hat eine mittlere Reichweite und lässt sich durch ein Buch abschirmen. Die *Gammastrahlung* ist sehr energiereich und durchdringend. Zum Abschirmen würde man schon eine

ganze Bibliothek brauchen. Sie ist der Röntgenstrahlung ähnlich und findet praktische Anwendung in der Materialprüfung.

Die unterschiedliche Reichweite sagt noch nicht viel über die Gefährlichkeit der einzelnen Strahlenarten aus. Sie ist aber wichtig, um die entsprechenden unterschiedlichen Schutz- und Vorsichtsmaßnahmen zu treffen.

Das Gefährdungspotenzial ionisierender Strahlung für lebendes Gewebe kann nicht einheitlich angegeben werden. Das hängt von der Art der Strahlung ab, von der Energie, der Dosis und der Art des getroffenen Gewebes. Es gibt Gewebe, die sich leichter regenerieren als andere, und solche, die bestimmte Atome bevorzugt einbauen. Es gibt auch besonders empfindliche Gewebe wie die Keimzellen. Ein einheitliches Maß für Gefährlichkeit für Gewebe gibt es nicht.

Misst man die Strahlung mit einem Geigerzähler, so erfasst man neben Alpha-, Beta- und Gammastrahlung auch die kosmische Höhenstrahlung, die ununterbrochen auf uns einstrahlt. Sie kommt aus dem Weltall und ist in großer Höhe stärker als am Erdboden. Trotzdem wird niemand auf eine Flugreise verzichten. Das Risiko wird in Kauf genommen.

Das Maß für die Strahlungsdichte, also Strahlung pro Zeit, ist das Becquerel. Das ist ein sehr kleines Maß, nämlich ein Zerfall pro Sekunde, und zwar unabhängig von der Art der Strahlung.

Obwohl das Maß in Becquerel wenig über die Gefährlichkeit aussagt, hat man Grenzwerte festgelegt. So darf die Oberfläche eines Castor-Transportbehälters für radioaktives Material den Grenzwert von 40 Becquerel pro cm² nicht überschreiten. Gemessen wird meist 1 bis 4 Becquerel pro cm².
Als in einem Fall ein Wert von 13.400 Becquerel pro cm² auf einer eng begrenzten Fläche gemessen wurde, ging das als

Horrormeldung durch die Presse. Dabei wurde nicht gesagt, dass wir täglich von natürlicher Strahlung hoher Becquerel-zahlen umgeben sind. So strahlt Schiefer 999 Becquerel pro Kilogramm, Granit 925 Becquerel pro Kilogramm, was einer Oberflächenstrahlung von etwa 200 Becquerel pro cm² ent-spricht. Danach müsste jede Granitwand, jedes Granitpflaster mit einem Atomwarnschild gekennzeichnet sein.

Kalium 40, ein Betastrahler, als lebensnotwendiges Element, strahlt mit 1.036 Becquerel pro Kilogramm. Durch den Kalium-Gehalt, ferner durch radioaktiven Kohlenstoff 14 und andere radioaktive Elemente hat der menschliche Körper eine Eigen-strahlung von 4.000 bis 6.000 Becquerel.

Die in Becquerel angegebene Häufigkeit von radioaktiven Zer-fallsprozessen gibt die tatsächliche Gefährdung nicht wieder. Es fehlt die Bewertung. Diese hat man aus den Folgen der Atombombenabwürfe in Japan ermittelt.

Die Messgröße für die Gefährdung menschlichen Gewebes heißt Sievert. Ein Sievert ist die Bestrahlung, die durchschnitt-lich zum Tode eines Menschen führt. Der Bewertungsfaktor für Gammastrahlung ist 1, für Alphastrahlung 100. Die Alphastrah-lung wird damit als hundertmal so gefährlich bewertet wie die Gammastrahlung. Üblicherweise gibt man die Werte in Millisie-vert (mS) an, also in Tausendstel Sievert.

Die natürliche Strahlung in Deutschland beträgt 1,3 bis 2,4 Millisievert pro Jahr, abhängig von dem geologischen Unter-grund. Sie ist in Bayern im Bayerischen Wald weit höher als an der Küste. Eine Röntgenuntersuchung bringt 3 bis 5 Millisie-vert. Da eine Strahlenschädigung sich im Körper ansammelt, sind gesetzliche Grenzwerte für die strahlenbelasteten Berufe festgesetzt: 50 Millisievert pro Jahr und 400 Millisievert im Be-rufsleben. Eine kurzzeitig starke Strahlung kann toleriert werden, wenn danach keine oder nur eine geringe Strahlenbe-

50

lastung erfolgt. Der größte künstliche Beitrag zur Strahlendosis kommt von der Röntgendiagnostik und liegt im Bereich von 0,5 mS/Jahr.

Im Hinblick auf das Gefährdungspotenzial eines Kernkraftwerkes ergibt sich damit folgendes:

- Der Reaktor muss mit möglichst wenig radioaktivem Material möglichst viel Strom erzeugen. Der Wirkungsgrad muss also hoch sein.

- Es muss sichergestellt sein, dass keine radioaktiven Elemente in die Umwelt gelangen.

Radioaktive Substanzen sind dann gefährlich und unter Umständen lebensbedrohend, wenn sie in den Körper gelangen, z. B. durch die Nahrung. Eine Abschirmung der Strahlung ist in diesem Fall nicht möglich. Das gilt insbesondere für die stark ionisierende Alphastrahlung.

Da sich radioaktive Elemente chemisch nicht von stabilen Isotopen unterscheiden, baut der Körper z. B. radioaktives Strontium statt Kalzium in die Knochen ein, oder radioaktives Jod 131 anstelle von stabilem Jod in die Schilddrüse. Das wird in Fällen von Überfunktion der Schilddrüse auch medizinisch genutzt. Eine Operation kann dadurch erspart werden.

Die meisten in Betrieb befindlichen Reaktoren sind Siedewasser- oder Druckwasserreaktoren. Die im Kernbrennstoff enthaltene Energie wird bei dem Siedewasserreaktor nur zu etwa einem Prozent ausgenutzt, bei den Druckwasserreaktoren ist der Wirkungsgrad wegen der höheren Betriebstemperatur deutlich besser.

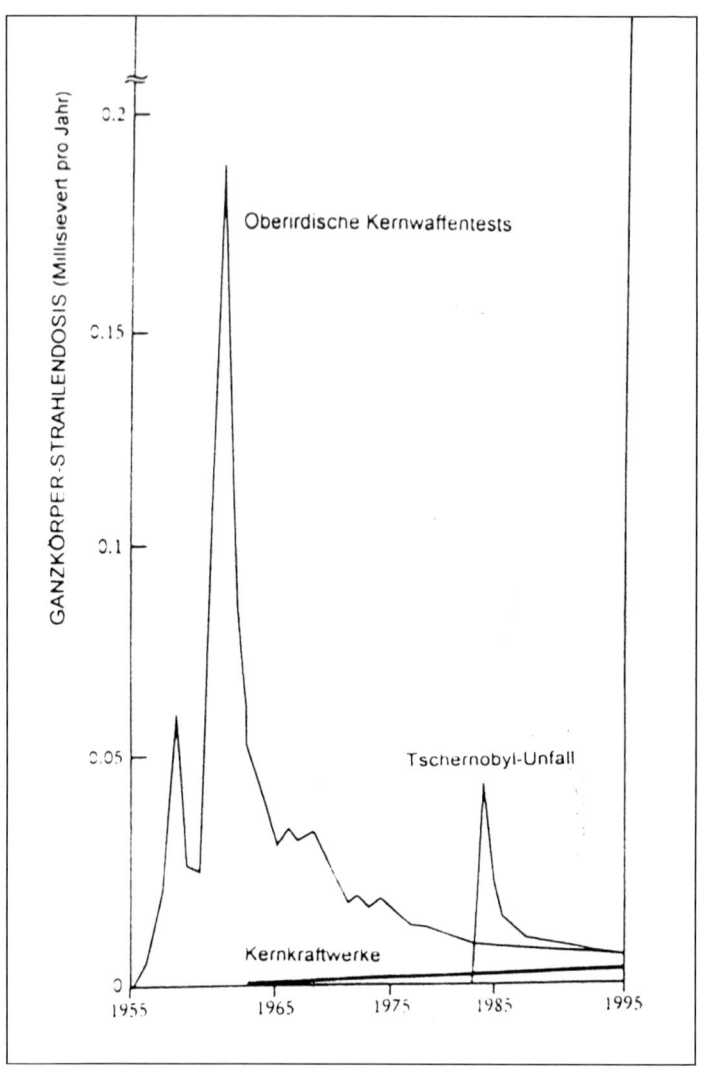

Abb. 6: Weltweit gemittelte Strahlendosis aus Kernexplosionen, dem Tschernobyl-Unfall und Kernkraftwerken zwischen 1955 und 1995 (nach Daten von UNSCear).

Die Hülle, die den radioaktiven Bereich eines Kernkraftwerkes umschließt, ist so konstruiert, dass keine radioaktiven Bestandteile in die Außenwelt gelangen können, auch nicht bei dem schlimmsten denkbaren Störfall, bei der Kernschmelze. Das gilt ganz allgemein für die westliche Welt.

Die deutschen Kernkraftwerke besitzen eine doppelte Sicherheitshülle. So besteht z. B. bei dem Kernkraftwerk Grohnde die innere Sicherheitshülle aus 3 cm dickem hochfestem Stahl. Sie ist so ausgelegt, dass sie einem Überdruck von 5 bar standhält. Radioaktive Partikel können nicht in die Außenwelt gelangen. Die äußere Sicherheitshülle besteht aus Stahlbeton mit einer Dicke von 1,80 Metern. Sie ist dicker als die bombensicheren Bunker im 2. Weltkrieg. Ein Flugzeugabsturz kann diese Hülle nicht durchschlagen.

Die Gegner der Kernkraft weisen immer wieder auf die Katastrophe von Tschernobyl hin. Es wird aber nicht gesagt, dass es sich hier um eine Plutoniumfabrik für Atombomben gehandelt hat, in der nebenbei Strom erzeugt wurde.

Das Arbeitsprinzip dieses Reaktors vom Typ RBMK wurde in den westlichen Ländern erst nach der Katastrophe bekannt. Er hat ein völlig anderes Reaktionsprinzip als die westlichen Kraftwerke. Er hatte überhaupt keine Sicherheitshülle. Ein solcher Reaktor würde hier nie genehmigt werden. Beim Typ RBMK besteht die Möglichkeit, bei laufendem Betrieb Plutonium zur Herstellung von Atombomben zu entnehmen.
Der dem Personal am 26. April 1986 aufgegebene Versuch, den Reaktor von Hand bei ausgefahrenen Kontrollstäben verzögernd abzuschalten, schlug fehl. Die Leistung erhöhte sich, Kühlwasser verdampfte, und in tödlicher Besonderheit dieses Typs verstärkte dies den Neutronenfluss und damit die Leistung weiter, anstatt sie zu verringern. Das Einfahren der Kontrollstäbe erfolgte zu langsam, es gab kein Zurück. Die unkontrollierte Kettenreaktion brachte die Brennstäbe zum

Schmelzen, entzündete den Graphit und schleuderte den mehrere Tausend Tonnen schweren Deckel des Reaktordruckbehälters beiseite. Der gewaltige Brand sprengte das Gebäude. Extreme Hitze trug Verbrennungsgase und Spaltprodukte in viele Kilometer Höhe. Ein kleiner Teil fiel auf die nähere Umgebung. Der weit größere Teil wurde über große Entfernungen verfrachtet und gelangte mit dem Regen auf den Erdboden. In Deutschland erhöhte sich die Strahldosis durchschnittlich um 0,5 Millisievert pro Jahr.

Der Störfall im schwedischen Kernkraftwerk Forsmark war hingegen von ganz anderer Art. Durch einen Kurzschluss in der Stromversorgung war der Reaktor kurzzeitig ohne Strom. Es erfolgte sofort die automatische Schnellabschaltung des Reaktors durch die Kontrollstäbe. Zur Abführung der Restwärme war mit vierfacher Sicherheit die Kühlung durch vier Notstromgeneratoren vorgesehen, von denen zwei sofort automatisch anliefen. Die zwei anderen konnten nach 20 Minuten von Hand in Betrieb genommen werden. Im Gegensatz zu Tschernobyl wurde dieser Störfall beherrscht, es trat keine Radioaktivität aus.

Die deutschen Kernkraftwerke wie auch solche im Ausland weisen noch weitere Einrichtungen zur Notkühlung auf. So erfolgt die Kühlung z. B. durch einen Vorrat von Kühlwasser in einem höheren Niveau, das ohne Pumpen eingeleitet werden kann. Dies ist eine absolut betriebssichere Technik, die auch bei industriellen Glühöfen angewendet wird.
Andere Systeme weisen batteriebetriebene Pumpen auf, wobei die Batteriekapazität für 25 Stunden ausreicht. Für die mit Diesel betriebenen Pumpen muss ein Kraftstoffvorrat für 100 Stunden vorhanden sein. Das Kühlwasser im Vorrat kann borhaltig sein, was den Neutronenfluss bremst.

Dies alles sind Sicherheitseinrichtungen, die die Eintrittswahrscheinlichkeit eines Störfalls, bei dem Radioaktivität austreten kann, vermindern. Sie betreffen die Siedewasser- und die Druckwasserreaktoren. Es kann also keine Bedenken wegen der Sicherheit unserer Kernkraftwerke geben.

Wenn die japanischen Kernkraftwerke in Fukushima den gleichen Sicherheitsstandard wie die deutschen gehabt hätten, wäre der Störfall leichter beherrschbar gewesen.

Im Jahr 1956 wurde im Kernforschungszentrum Jülich ein neuer Reaktortyp entwickelt, der Hochtemperaturreaktor. Die Brennelemente sind keine Stäbe, sondern der Kernbrennstoff ist in Kugeln von etwa sechs Zentimeter Durchmesser eingebettet. Er wird deshalb auch als Kugelhaufenreaktor bezeichnet.

Der Reaktor hat gegenüber den Siede- bzw. Druckwasserreaktoren eine Reihe von Vorteilen:
- Die befürchtete Kernschmelze kann nicht auftreten, weil die Kugeln aus keramischem Material bestehen.
- Er ist inhärent sicher, er kann nicht außer Kontrolle geraten.
- Der Kernbrennstoff ist nicht Uran, sondern Thorium 232. Die Zerfallsreihe enthält kein Plutonium, sondern hauptsächlich Beta-Strahler mit kürzerer Halbwertszeit.
- Systembedingt arbeitet der Reaktor bei 950 °C. Der Brennstoff wird dabei 60mal so gut ausgenutzt wie bei den Uran-Reaktoren. Man braucht damit weniger Kernbrennstoff für die gleiche Elektrizitätsmenge.
- Die hohe Temperatur kann auch als Prozesswärme oder Heizwärme genutzt werden.
- Der Reaktor ist gasgekühlt mit dem Edelgas Helium. Es kann kein Kühlwasser verdampfen, und es gibt auch keine Knallgasexplosionen wie in Tschernobyl und in Fukushima.
- Es können auch kleinere Reaktoren dieses Typs gebaut werden.
- Die Strahlenbelastung des Personals beträgt nur 1/50 bis 1/100 im Vergleich zu anderen Kernkraftwerken.

Abb. 7: Blick auf das Kugelbett des Hochtemperaturreaktors.
Im Thorium-Hochtemperaturreaktor THTR-300 werden anstelle von Brenn-
stäben Kugeln eingesetzt. Diese erhitzen sich. Helium, das den Kugelhau-
fen durchströmt, nimmt die Wärme auf.

- Nach dem Verbrauch des Kernbrennstoffs können die abgebrannten Kugeln ohne Wiederaufarbeitung endgelagert werden.

In Jülich und in Hamm-Uentrop war ein Versuchsreaktor dieses Typs bzw. ein Prototyp über Jahrzehnte problemlos in Betrieb. Sie mussten aus nicht nachvollziehbaren Gründen abgeschaltet werden. Wegen des beschlossenen Atomausstiegs wurde keine weitere Betriebsgenehmigung erteilt.

Dagegen sind solche in Deutschland entwickelten einfachen und risikoarmen Hochtemperaturreaktoren im Ausland, in China und in Südafrika, im Bau oder in der Planung.

Die Entwicklung geht weiter. Neue Reaktortypen verwenden als Brennstoff das radioaktive Thorium, das weltweit reichlich vorhanden ist. Nutzeffekt und Sicherheit sind hier am höchsten.

Insgesamt handelt es sich bei dem Thorium-Hochtemperaturreaktor um eine bahnbrechende Leistung aus deutscher Wissenschaft und Technik. Die abgeschalteten Reaktoren sollten stehen bleiben als Denkmal an bessere Zeiten – oder noch besser weiterbetrieben werden.

Ein weiteres kontrovers diskutiertes Thema ist die Endlagerung der abgebrannten Brennstäbe. Nach einer gewissen Betriebszeit ändert sich die Zusammensetzung der Brennstäbe durch den Übergang in andere Elemente so, dass sie zu Neutronenfallen werden, die den radioaktiven Prozess behindern. Sie müssen aufgearbeitet werden. Die brauchbaren Teile werden wieder dem Reaktor zugeführt. Unbrauchbare, die aber noch Strahlung abgeben, müssen endgelagert werden.

Die Lagerung muss auf jeden Fall unterirdisch geschehen, so dass keine Strahlung an die Oberfläche gelangt. Sie muss in geologisch stabilen Schichten erfolgen, denn die endgelagerten radioaktiven Substanzen haben teilweise Halbwertzeiten von mehr als 20.000 Jahren. Als genügend stabil werden Ton- oder Granitschichten und Salzstöcke angesehen. So findet die Endlagerung in der Schweiz unter Granitformationen statt. Größte Möglichkeit bieten aber die Salzstöcke.

In Deutschland ist als Lager für abgebrannte Brennstäbe der Salzstock in Gorleben vorgesehen. Der Salzstock ist vor etwa 250 Millionen Jahren, also als es noch Saurier auf der Erde gab, entstanden. Das Randmeer, das damals die heutige norddeutsche Tiefebene überdeckte, begann auszutrocknen. Übrig blieb ein großer Salzstock von 70 bis 80 Kubikkilometern Inhalt. Die Länge beträgt 26 Kilometer, die größte Breite 4,5 Kilometer. Er reicht gut 3.500 Meter in die Tiefe. Er ist jungfräulich, d. h. ein Abbau des Salzes hat nie stattgefunden.

Seit seiner Entstehung sind drei Eiszeiten über ihn hinweggegangen, ohne dass er seine Form verändert hat oder dass Wasser eingedrungen ist. Das sind Fakten, die bei der Frage nach der Eignung als Endlager berücksichtigt werden müssen.

Deutschland hat Glück. Der Salzstock ist 250 Millionen Jahre alt, und nichts spricht dagegen, dass er auch 251 Millionen Jahre alt wird. Radioaktive Stoffe, auch solche mit der längsten Halbwertszeit, können darin bis zum Abklingen sicher gelagert werden.

Die Lagerung findet in Schächten von 500 bis 2.000 Meter Tiefe statt, wobei der hochradioaktive Anteil in der größten Tiefe untergebracht wird. Salz verformt sich bei großem Druck plastisch, so dass die Behälter nach einer gewissen Zeit vollständig vom Salz umschlossen werden. Salz verhindert auch das Eindringen von Wasser. Die gelagerten Stoffe können nicht mehr an die Oberfläche gelangen.

Alle Überlegungen, die die Sicherheit der Kerntechnik betreffen, laufen darauf hinaus, dass keine radioaktiven Substanzen in die Nahrungskette gelangen. Eine Abschirmung der ionisierenden Strahlung im Körper ist nicht möglich.

Es gibt nur einen Bereich, wo Sicherheitsüberlegungen massiv missachtet werden, nämlich in der militärischen Anwendung. Hier ist alles streng geheim, die Sicherheitslage kann nicht beurteilt werden. Man weiß zwar, dass veraltete U-Boote mit Atomantrieb am Meeresgrund vor sich hin rosten, man weiß nicht, wie viele es sind und welche Technik der Reaktor aufweist. Man kann nicht ausschließen, dass über das Plankton und die Fische eines Tages radioaktive Substanzen in die Nahrung gelangen. Es ist dringend geboten, die möglichen Gefahren aufzuzeigen und Abhilfe zu schaffen, bevor es zu spät ist.

Zivile und militärische Nutzung der Kernkraft sind zwei Seiten einer Medaille. Aus heutiger Sicht kann ein Industriestaat wie Deutschland auf die Stromerzeugung durch Kernkraft dennoch nicht verzichten. Aus diesem Grund beurteilen andere Staaten die Anwendung der Kernkraft ganz anders. In den Vereinigten Staaten gibt es derzeit 103 Reaktoren, in Frankreich 59 und in Japan 55. Deutschland liegt mit 17 Kernkraftwerken eher am unteren Ende der Skala.

Das für die Brennelemente in den Reaktoren benötigte Uran wird im Bergbau gewonnen. Uranerz findet man in aller Welt. In Europa gibt es Lagerstätten in Tschechien, in Deutschland im Erzgebirge und im Schwarzwald, in England, Frankreich, Spanien, im Norden Portugals, in Russland, in Amerika in Mexiko, im Colorado-Plateau in den USA und im kanadischen Saskatchewan und am *Great Bear Lake*. In Afrika finden sich abbauwürdige Vorkommen in Südafrika und besonders im Kongo-Gebiet sowie auf Madagaskar. In Asien gibt es Fundstellen im Iran und in Ostturkestan.

Zur Zeit ist der weltweit größte Lieferant von Uranerz die australische Grube *Olympic Dam*. Ursprünglich eine Kupfermine, fällt dort Uranerz als Nebenprodukt an. Auf 36 Teile Kupfer kommen dort ein Teil Uranerz sowie sieben Teile Silber und ein Teil Gold. Man schätzt diesen Uranvorrat auf eine Million Tonnen, was den Welturanbedarf für 20 Jahre decken könnte.

Uranerz enthält nur 0,1 Prozent Uran. Um ein Kilogramm Uran zu erzeugen, müssen 1.000 Kilogramm Erz gefördert werden. Kritiker der Kernenergie weisen immer wieder darauf hin, dass durch den Uranabbau gewaltige Umweltschäden entstehen.

Ein Vergleich der Energieeffizienz mit Kohle zeigt jedoch, dass auch bezüglich der Umweltschäden die Kernenergie günstig abschneidet. In den deutschen Kernkraftwerken wird nur ein Kilogramm Natururan benötigt, um etwa 50.000 Kilowattstunden Strom zu erzeugen. Dagegen liefert ein Kilogramm Steinkohle in thermischen Kraftwerken nur vier Kilowattstunden, ein Kilogramm Braunkohle hingegen sogar nur eine einzige Kilowattstunde Strom.

Um die gleiche Menge elektrischer Energie zu erzeugen, muss also bei Steinkohle die zwölffache Menge, bei Braunkohle die fünfzigfache Menge an Energierohstoff bergmännisch gewonnen werden. Die Abbraumhalden im Steinkohlerevier sowie die Hinterlassenschaften von riesigen Braunkohletagebauen, an Schwermetallen und Schwefelsäure und die dafür erforderliche Umsiedlung ganzer Ortschaften bezeugen nicht wieder gutzumachende Umweltschäden.

Es ist daher auch ökologisch sinnvoll, die Verstromung von Kohle durch Kernenergie zu ersetzen. Was den Landschaftsverbrauch durch Braunkohletagebau betrifft, so entstehen dabei erheblich größere Probleme als durch die Urangewinnung. Der Lebensraum der immer weiter zunehmenden Zahl von Menschen auf der Erde ist nämlich ebenfalls schutzbedürftig.

Auch was den betriebsnotwendigen Materialtransport betrifft, erweist sich die Kernenergie als vorteilhaft. Das gilt nicht nur für den Transport der Energieträger Kohle bzw. Uran, sondern auch für den gesamten Bereich des Kraftwerkbaus. Der Materialaufwand für Wind- und Solarkraftwerke steht verglichen mit dem für Kernkraftwerke in keinem Verhältnis zu der erbrachten Leistung. Für die Erzeugung von 1.000 Megawatt elektrischer Energie werden bei der Kernkraft etwa 50 Tonnen Kupfer benötigt, bei der Windkraft über 400 Tonnen und bei der Photovoltaik 2.500 Tonnen.

Das Energieeinspeisungsgesetz beschert uns also nicht nur die höchsten Stromkosten. Es ist auch Ursache einer ungeheuren Verschwendung wertvoller Rohstoffe.

„Kernkraft als Brückentechnologie" ist das neue Schlagwort in der Energiepolitik. Mit der vorübergehenden Nutzung der Kernkraft soll eine Brücke geschlagen werden, bis in 20 bis 30 Jahren die Stromversorgung durch erneuerbare Energien, also mit Solar- und Windkraft erfolgen kann.

Was aber steht wirklich am anderen Ende der Brücke, am anderen Ufer?

Auch in Zukunft wird nachts keine Sonne scheinen, auch in der Sahara nicht, und bei Windstille stehen auch die Windräder still. Es gibt keinen Tank, in dem man elektrische Energie für die Nacht speichern kann. Da es also auch künftig Tag und Nacht und Windstille geben wird, sind Kernkraftwerke auch in 20 oder 30 Jahren erforderlich. Die Brücke führt zu keinem anderen Ufer. Wie in anderen Ländern ist auch bei uns die Akzeptanz der Kernkraft gefragt.

7

Solarenergie –
keine Rechnung fällig?

Solarenergie hat vom Prinzip her den Nachteil, dass sie nur halbtags verfügbar ist. Konventionelle Kraftwerke müssen bereitstehen. Eine kostengünstige Stromerzeugung ist damit nicht möglich.

Die Stromrechnung kommt vom Elektrizitätswerk. Und je mehr Solarstrom eingespeist wird, umso höher fällt sie aus. Einerseits ist das Elektrizitätswerk gesetzlich verpflichtet, den gesamten angelieferten Solarstrom für 50 Cent/kWh abzukaufen. Es gilt das Energieeinspeisungsgesetz. Die Kosten trägt der Endverbraucher. Anderseits ist das Elektrizitätswerk verpflichtet, eine ständige Stromversorgung sicherzustellen. Da nachts die Sonne nicht scheint, müssen andere Energiequellen vorhanden sein. Dass eine doppelte Energiebereitschaft teuer ist, wurde schon in Kapitel 2 behandelt. Hier geht es um technische Fragen, die mit der Nutzung der Solarenergie zur Stromerzeugung zusammenhängen.

In Deutschland erfolgt die Nutzung des Sonnenlichts zur Elektrizitätserzeugung ausschließlich durch Photovoltaik, d. h. mittels Solarzellen. Das sind Siliziumscheiben, die aufgrund einer im Herstellungsprozess erzeugten besonderen Struktur die Eigenschaft haben, bei Lichteinfall elektrische Ladungen zu erzeugen. Wie bei einer Batterie haben sie einen positiven und einen negativen Pol. Die Spannung einer einzelnen Zelle ist gering. Sie hängt von der Stärke des Lichteinfalls ab und liefert um die Mittagszeit den meisten Strom, in der Dämmerung nur wenig.

Um den Strom in das Netz einzuspeisen, sind einige Umwandlungen nötig: Da wäre zum einen die Umwandlung des von den Zellen gelieferten Gleichstroms in Wechselstrom und seine Transformation auf die für die Einspeisung erforderliche Spannung. Dazu kommt eine Ausgleichsregelung bei unterschiedlicher Stromlieferung. Jeder dieser Schritte ist mit einem Wirkungsgrad verbunden und reduziert den Nutzeffekt.

Die Solarzellen selbst haben einen Wirkungsgrad bezüglich der Umwandlung von Lichtenergie in Elektrizitätsmenge. Er beträgt bei großtechnisch hergestellten Zellen etwa 10 Prozent. Es werden also 10 Prozent der Lichtenergie in elektrische Energie umgewandelt.

Im Labor wurde mit einem technisch sehr aufwändigen Verfahren ein Wirkungsgrad von 16 Prozent erreicht. Ein Spiegelrinnenkraftwerk kommt auf 20 Prozent der installierten Leistung, was für einen wirtschaftlichen Betrieb ebenfalls zu wenig ist. Theoretisch müssten etwa 24 Prozent erreichbar sein. Man kann abschätzen, dass die zur Herstellung der Solarzellen aufgewendete Energie erst nach etwa vier bis sechs Jahren zurückgewonnen wird.

Der Grund für den niedrigen Wirkungsgrad liegt darin, dass abhängig vom Material der Solarzellen nur Licht eines begrenzten Energiebereichs in Elektrizität umgewandelt wird. Um Licht höherer Energie, also z. B. Ultraviolettlicht, ebenfalls zu nutzen, hat man Konverter aus bestimmten Materialien wie Aluminiumarsenid oder Galliumphosphid entwickelt, die als

Schicht auf die Zellen aufgebracht werden. Der Wirkungsgrad wird damit auf über 30 Prozent gesteigert.

Dies ist auch nicht gerade viel, aber man sieht, dass einiges verbessert werden kann. Für den Alltagsgebrauch sind derart aufwändig hergestellte Zellen um Größenordnungen jedoch zu teuer. Man hat daher einen anderen Weg eingeschlagen. Um die Kosten so weit wie möglich zu senken und mit weniger und billigerem Silizium auszukommen, hat man Dünnschichtzellen entwickelt. Allerdings erreicht man damit nur einen Wirkungsgrad von 6 bis 8 Prozent.

So faszinierend auch die Stromerzeugung mittels Solarzellen ist: Für eine großtechnische Energiewirtschaft sind sie weder wirtschaftlich noch technisch vorteilhaft einsetzbar. Das schließt nicht aus, dass sie für begrenzte Zwecke gebraucht werden können, und zwar überall dort, wo ein Stromanschluss an das Netz nicht möglich ist. So werden Gartenlampen betrieben oder auch Viehtränken in Afrika, wo tagsüber Grundwasser in ein Vorratsbecken gepumpt wird. In solchen Fällen haben sie ihre Berechtigung.

Bei der Diskussion über die Solartechnik wird oft nicht beachtet, dass die installierte Leistung des Systems nicht gleich der erbrachten Leistung ist. Die installierte Leistung orientiert sich an der maximalen Sonneneinstrahlung. Diese kommt an einem einzigen Tag im Jahr zustande, nämlich am Tag der Sommersonnenwende, in einer einzigen Stunde um die Mittagszeit unter der Voraussetzung, dass keine Wolken am Himmel sind. Alle Einrichtungen der Solartechnik, die Zellen, die Wechselrichter und Transformatoren müssen für diese maximale Leistung ausgelegt sein. Für die gesamte übrige Zeit sind sie überdimensioniert und damit zu teuer.

Während konventionelle thermische Kraftwerke in der Lage sind, mit einem Kilowatt installierter Leistung im Jahr mehr als

8.000 kWh elektrische Energie zu erzeugen, schaffen Photo-voltaik-Anlagen bestenfalls 1.000 kWh. Und das zu zwanzigmal höheren Preisen.

Man muss grundsätzlich die Frage stellen, ob es in einem Land um den 51. Breitengrad herum wie Deutschland überhaupt sinnvoll ist, die von der Sonne eingestrahlte Energie zur Stromerzeugung zu nutzen. Das Licht fällt hier nicht senkrecht, sondern mehr streifend ein.

Deutschland gehört zu den Ländern mit verhältnismäßig wenig Sonnenstunden. Über längere Zeit kann der Himmel wolken-verhangen sein. Dann liegt der Stromertrag vielleicht bei 10 Prozent der installierten Leistung. Und wenn die Solarzellen mit Schnee bedeckt sind, liefern sie nichts. Dann herrscht Null-Watt-Wetter.

Wie steht es mit dem Flächenbedarf? Wollte man die gesam-ten Kraftwerke in Deutschland durch Photovoltaik ersetzen, so würde dafür die Fläche von etwa der Hälfte des Landes Rhein-land-Pfalz nötig sein: Das ist eine Utopie.

In anderen Regionen auf der Erde wären solche Flächen ver-fügbar, z. B. in den Wüstengebieten zwischen den Wendekrei-sen. Auch wäre der Lichteinfall erheblich stärker. Diese Über-legungen laufen jedoch darauf hinaus, an geeigneten Stellen Strom zu erzeugen und die Energie in die Industrieländer zu leiten.

Solarkraftwerke müssen nicht unbedingt mit Solarzellen, also mit der Photovoltaik, arbeiten. In den sonnenreichen Gebieten bietet sich eine Stromerzeugung auf andere Weise an: Mittels Solarthermik. Bei dieser Technik fokussiert man durch eine Anordnung von Spiegeln das Sonnenlicht auf ein Rohrsystem, in welchem ein geeignetes Öl auf mehrere hundert Grad Celsi-us erhitzt wird. So sind sogenannte Spiegelrinnenkraftwerke entstanden. Die Spiegel werden der Sonne nachgeführt. Das heiße Öl wird in einen Dampferzeuger geleitet und der Dampf treibt in der üblichen Weise eine Turbine mit einem Stromgenerator an.

Solche Anlagen gibt es z. B. in Andalusien und in Kalifornien. Sie sind technisch unkompliziert und arbeiten mit einem deutlich besseren Wirkungsgrad als die Solarzellen. Ein Problem bleibt: Auch das Spiegelrinnenkraftwerk liefert um die Mittagszeit viel, morgens und abends wenig und in der Nacht keinen Strom. Es richtet sich nicht nach den Bedürfnissen der Verbraucher.

Abb. 8: Spiegelrinnen-Solarkraftwerk

Die zentrale Frage ist: Wie kann die erzeugte Energie gespeichert werden? Nun ist die direkte Speicherung von Elektrizität

66

weder elektrostatisch noch elektrodynamisch technisch realisierbar, obwohl es dafür Vorschläge gibt. Es müssen Umwege gegangen werden durch Speicherung mittels anderer Energieträger.

Einen solchen Umweg bietet die Wasserstofftechnologie. Dabei wird Wasserstoff als Energieüberträger eingesetzt. Reiner Wasserstoff ist auf der Erde nicht vorhanden, er ist ein leichtes Gas, das in der Atmosphäre in die Höhe steigt. Es gibt nur zahlreiche chemische Wasserstoffverbindungen. Die letzte und die energieärmste Stufe ist das Wasser.

Um den Wasserstoff daraus zurückzugewinnen, muss Wasser durch Energiezufuhr wieder in Wasserstoff und Sauerstoff gespalten werden, ähnlich wie man eine entspannte Feder wieder aufziehen muss.

Zur Aufspaltung ist Energie nötig, und zwar viel Energie. Theoretisch sind das 2,94 kWh für 1 m^3 Wasserstoffgas, in der Praxis benötigt man 4,5 bis 5 kWh. Der Wirkungsgrad liegt bei 65 Prozent, d. h. nur 65 Prozent der aufgewendeten Energie sind im Wasserstoff enthalten.

Für die Zerlegung in einem elektrolytischen Prozess muss reines Wasser, also Trinkwasser, vorhanden sein. Da dies in den in Betracht gezogenen Regionen oft nicht in genügendem Maß der Fall ist, wird die Verwendung von Meerwasser erwogen. Eine Entsalzung durch Destillation erfordert erhebliche Mengen an Energie, was die Wirtschaftlichkeit der ganzen Anlage in Frage stellen kann. Weniger energieaufwändig, aber nicht kostengünstiger, ist die Herstellung von salzfreiem Wasser durch Umkehrosmose oder durch Ionenaustauscher.

Reines Wasser hat keine elektrische Leitfähigkeit. Zur Aufspaltung sind chemisch-physikalische Verfahren nötig, auf die hier nicht eingegangen werden soll. In jedem Fall entstehen

Nebenprodukte, bei der Destillation große Mengen von Salz, bei anderen Verfahren Chlorgas und in allen Fällen Sauerstoff. Für diese Stoffe muss eine wirtschaftliche Verwendung gefunden werden. Das Salz wieder in das Meer zu schütten und den Sauerstoff einfach in die Luft zu entlassen, würde die Wirtschaftlichkeit weiter reduzieren.

Die ganze Anlage zur Elektrolyse arbeitet nur dann, wenn Strom vom Solarkraftwerk kommt, also tagsüber und nicht in der Nacht. Dann steht alles still. Aber auch mit der Herstellung von Wasserstoff allein sind längst nicht alle Probleme gelöst. Der Wasserstoff muss zu den Industriestandorten gelangen, dahin, wo Energie gebraucht wird.

Um das Ergebnis vorwegzunehmen: Für den Transport von Wasserstoff kommt nur eine Gasleitung ähnlich wie für Erdgas in Betracht. Für Wasserstoff ist jedoch wegen der Eigenschaften dieses Gases eine Reihe von besonderen Anforderungen zu beachten.

Der Transport von größeren Mengen von Wasserstoff in Druckbehältern wäre zu aufwändig und kommt aus Kostengründen nicht in Betracht. Die für die Kompression benötigte Energie wäre verloren. In den Bereich von Science Fiction ist auch der Vorschlag zu verweisen, Wasserstoff in verflüssigter Form zu transportieren oder als Treibstoff für Automotoren in einem Tank mitzuführen.

Man kann Wasserstoff verflüssigen. Der Temperaturbereich, in dem Wasserstoff flüssig ist, liegt zwischen -259 °C und -253 °C. Bei tieferer Temperatur wird Wasserstoff fest. Der Temperaturbereich von flüssigem Wasserstoff beträgt also gerade 6 °C. Da es aus physikalischen Gründen keine absolute Wärmeisolation gibt, wird flüssiger Wasserstoff in wenigen Tagen verdampft sein und in der Atmosphäre verschwinden. Für Transport und Lagerung wäre eine ständige Nachkühlung nötig. Den Vorschlag, mit flüssigem Wasserstoff zu arbeiten, kann man getrost zu den Akten legen.

Wasserstoff ist zudem ein Gefahrenstoff erster Ordnung. Ein Wasserstoff-Luft-Gemisch hat eine Zündfähigkeit von 5 bis 95 Prozent. Das bedeutet: 5 Prozent Wasserstoff in Luft ist genauso explosiv wie 5 Prozent Luft in Wasserstoff. Zum Zünden gehört eine geringe Zündenergie. Herstellung und Transport stellen höchste Anforderungen an die Dichtungen der Anschlüsse sowie an die Ventile. Wasserstoffatome sind so klein, dass sie in der Lage sind, durch winzigste Öffnungen zu diffundieren. Sie dringen in das Kristallgitter der Metalle ein und versröden z. B. Eisen.

Schlagworte sind gefährlich. So suggeriert „Die Sonne schickt keine Rechnung", dass die Nutzung der Solarenergie kostengünstig ist. Das Gegenteil ist der Fall. Die Umwandlung von Energie durch Sonneneinstrahlung in elektrische Energie gehört zu den teuersten Umwandlungsprozessen, die es gibt.

Dass diese Tatsache den Verantwortlichen für das Energieeinspeisungsgesetz bewusst war, zeigt schon der hoch angesetzte Preis für den Solarstrom. Bei einem Preis von etwa 50 Cent / kWh, den der Energieversorger bezahlen muss, fallen weitere Kosten für Wechselrichtung, Transformation, zusätzliche Leitungen und Regelung an, die auf mindestens 10 Cent / kWh anzusetzen sind. Zum Vergleich: Der Einkaufspreis bei konventionellem Strom liegt bei unter 5 Cent / kWh.

Durch Solaranlagen wird nicht wirklich Geld verdient, sondern den Stromabnehmern wird Geld entzogen. Das Gesetz, das die deutsche Wirtschaft insgesamt schädigt, sollte sobald wie möglich ersatzlos gestrichen werden. Man kann nur hoffen, dass diese Einsicht bald kommt. Wer die Solarenergie nutzen will, kann es gern tun, aber auf eigene Kosten. Für den Industriestandort Deutschland ist sie zu teuer.

Die Kosten für die Herstellung von Solarzellen aus Silizium sind hoch. Silizium schmilzt bei etwa 1.500 °C. Daran ist nichts zu ändern. Um Zellen mit einem hohen Wirkungsgrad herzustellen, muss das verwendete Silizium besonders rein sein. Das erreicht man, indem man das Material im Rahmen des sogenannten Zonenschmelzverfahrens mehrfach umschmilzt. Man benötigt dazu zwangsläufig viel elektrische Energie. Eine Massenproduktion trägt nicht zu einer wesentlichen Kostenreduzierung bei, denn man braucht billigen Strom.

Daher werden Solarzellen zunehmend dort produziert, wo kostengünstiger Strom zur Verfügung steht, zum Beispiel Strom aus Kohle- oder Kernkraftwerken. So kommen heute die meisten Solarzellen aus Indien oder China. Dort werden Arbeitsplätze geschaffen, bei uns wegen der hohen Stromkosten vernichtet. Solarzellen aus Solarstrom wären hingegen unbezahlbar.

Im Übrigen sollte man die Befürworter der Solarenergie darauf hinweisen, dass durch die Solartechnik die Reflexion der Sonneneinstrahlung vermindert, die Erde also zusätzlich erwärmt wird.

8

Kann die Chemie weiterhelfen?

Stromerzeugung aus elektrochemischen Vorgängen in Batterien ist teuer. Die Naturgesetze begrenzen die Anwendung.

Die Stromerzeugung aus Batterien ist ein elektrochemischer Vorgang. Ohne Batterien keine Quarzuhr, kein Handy, kein alltagstaugliches Auto. Die Frage ist: Können Batterien in Zukunft einen stärkeren Beitrag zur Erzeugung von Elektrizität leisten?

Batterien sind teuer, ganz gleich, ob es sich um wieder aufladbare Akkus wie eine Autobatterie oder um ein galvanisches Element für eine Quarzuhr handelt. Der Preis begrenzt von vornherein die Anwendungen. Aber auch technisch gibt es Grenzen. Diese zu überwinden, ist das Ziel der gegenwärtigen Forschung.

Galvanische Elemente gehören zu den ältesten elektrischen Energiequellen überhaupt. Im Jahr 1789 entdeckte der italienische Arzt und Naturforscher Luigi Galvani bei Versuchen mit Fröschen Erscheinungen, die er auf elektrische Entladungen zurückführte. Er hatte recht. Die nach ihm benannten galvanischen Elemente bestehen aus zwei unterschiedlichen Elektroden, zwischen denen sich eine elektrisch leitende Flüssigkeit, der Elektrolyt, befindet. Dieser kann eine Säure oder eine Salzlösung sein. Zwischen den Elektroden entsteht eine Spannungsdifferenz. Wählt man für die Elektroden das geeignete Material gemäß der elektrochemischen Spannungsreihe, so erhält man Werte im Bereich von 1 bis 2 Volt. Das ist nicht gerade viel. Werden höhere Spannungen benötigt, so schaltet man mehrere Zellen hintereinander.

Durch die Stromerzeugung wird das Elektrodenmaterial verändert, die galvanische Zelle ist schließlich erschöpft. Verbrauchte Batterien müssen entsorgt werden, was auch nicht in jedem Fall ganz problemlos ist. Für die großtechnische Energieerzeugung sind diese Batterien daher nicht geeignet. Gefragt ist ein galvanisches Element, das laufend Strom erzeugt. Daraus ergibt sich die Forderung, dass beständig Elektrodenmaterial neu zugeführt werden muss. Diese Überlegung führt zur Entwicklung der Brennstoffzelle.

Brennstoffzellen sind in Prinzip und Aufbau galvanische Elemente, also elektrochemische Energiewandler. Sie wandeln chemische Energie durch Oxydation direkt in elektrische Energie und zum Teil in Wärmeenergie um. An die Stelle der sich auflösenden Elektroden wird ein gasförmiger Energieträger wie Wasserstoff oder Methan oder auch ein flüssiger Energieträger, z. B. Methanol, zugeführt. Eine solche Zelle benötigt außerdem zur Oxydation Sauerstoff, also Luftzufuhr. Damit ist ein kontinuierlicher Betrieb möglich.

Der große Vorteil der Brennstoffzellen liegt darin, dass die in den verwendeten Gasen oder Flüssigkeiten enthaltene Energie direkt zur Stromerzeugung genutzt wird, also nicht über einen thermischen Verbrennungsvorgang zur Dampferzeugung. Der Wirkungsgrad einer Brennstoffzelle ist daher prinzipiell hoch. Es gibt keine Begrenzung durch die Thermodynamik und keinen Energieverlust durch Abwärme. Bei Wasserstoff als Energieträger kann man mit einem Wirkungsgrad von 60 Prozent rechnen. Ein Nachteil ist, dass zur Verminderung der chemischen Trägheit des Prozesses die Betriebstemperatur abhängig vom Typ der Brennstoffzelle mehr oder weniger hoch ist.

Bei den sogenannten Festoxid-Brennstoffzellen beträgt die Betriebstemperatur 1.000 °C. Wegen der Probleme, die mit der Wärmeisolation verbunden sind, eignet sich dieser Typ insbesondere für den stationären Einsatz als Blockheizkraftwerk oder für den Hausenergieeinsatz. Es ist noch viel Entwicklungsarbeit für alle Komponenten des Systems zu leisten, vor allem für die geeigneten Elektrodenmaterialien und Elektrolyten.

Probleme gibt es ferner bei der Alterungsbeständigkeit, insbesondere im intermittierenden Betrieb bei wechselndem Abschalten und Wiederanfahren. Als Elektrolyt dient eine erst bei höheren Temperaturen für Sauerstoff-Ionen leitende Keramik, als Katalysatoren werden Nickel und Nickeloxid verwendet. Der Vorteil dieser Art von Zellen liegt in der Möglichkeit der unmittelbaren Verstromung von Erdgas. Die darin enthaltenen Kohlenwasserstoffe werden dabei in Kohlenoxide und Wasserstoff umgewandelt.

Eine niedrigere Betriebstemperatur haben Brennstoffzellen mit einem Elektrolyt aus geschmolzenen Karbonaten. Sie liegt bei 650 °C. Verwendet werden Lithium- und Kaliumkarbonat in einer feinkörnigen Matrix. Als Anode dienen Nickel, als Kathode Nickeloxid. Probleme gibt es auch hier bei der Alterungsbeständigkeit. Ein Vorteil liegt in der relativ kostengünstigen Herstellung. Eine noch niedrigere Betriebstemperatur haben die sogenannten Membran-Brennstoffzellen. In Deutschland steht dieser Typ im Brennpunkt der Entwicklungsarbeit. Bei Betriebstemperaturen von 80 °C bzw. 120 bis 130 °C je nach verwendeter Membran ist dies eher für den Einsatz in der Automobiltechnik geeignet. Erforderlich für den Aufbau der Zelle ist die Verwendung von Edelmetallen wie Gold, Ruthenium oder Platin. Sie ist also nicht billig. Vorteilhaft ist, dass als Energieträger neben Wasserstoff auch Methanol eingesetzt werden kann.

Ein Problem bei dem mobilen Betrieb von Brennstoffzellen bleibt grundsätzlich: Für die gasförmigen Energieträger wie Wasserstoff oder Methan ist ein geeigneter Speicher erforderlich. Das ist das Kernproblem überhaupt. Die momentan verfügbaren Speichersysteme sind Hochdrucktanks oder in Sonderfällen Niederdrucktanks, die bei der Möglichkeit einer häufigen Nachfüllung, z. B. im Stadtverkehr, eingesetzt werden können. Derartige Speicher sind entweder zu schwer oder zu groß. Außerdem stoßen sie auch aus Sicherheitsbedenken auf Ablehnung.

Eine weitere Forderung bei der Anwendung von Wasserstoff als Energieträger ist die Möglichkeit einer schnellen Betankung. In dieser Hinsicht laufen Entwicklungen, die Chemosorption, also die Bindung von Wasserstoff in Festkörpern, oder die Absorption an Oberflächen zur Speicherung zu verwenden. Hierzu werden mikroporöse Festkörper mit großen spezifischen Oberflächen benötigt. In Aktivkohle sind das bis zu 2.000 m²/g, in kristallinen Stoffen wie Zeolithen 900 m²/g.
Diese Art der Speicherung kann man mit einem Schwamm vergleichen, der Wasser aufnimmt. Setzt man dabei die Kryotechnik ein, also die Kühlung auf -200 °C, so ist eine schnelle Betankung möglich. Bei einem Druck von 50 bar erreicht man eine Speicherkapazität von etwa fünf Gewichtsprozent des Speichers.

Die Verhältnisse sind so, dass man von einer Alltagstauglichkeit noch weit entfernt ist. Die Energieeffizienz des Gesamtsystems lässt noch viel zu wünschen übrig, und nach den Kosten fragt man lieber nicht.

9

Elektromobilität –
was ist dran?

Elektrizität lässt sich nicht direkt speichern. Ein Umweg über die Elektrochemie ist nötig. Die Kapazität von Akkumulatoren sowie die Ladezeit setzen dem Elektroauto enge Grenzen.

Ein heute gebräuchliches Schlagwort ist „Elektromobilität". Gefragt ist ein Auto, das anstelle von Benzin oder Dieselkraftstoff mit elektrischer Energie aufgetankt wird.

Ein solches Auto mit einem Elektromotor als Antrieb hat eine Reihe von Vorteilen. Es fährt leise, hinterlässt keine Abgase und ist praktisch wartungsfrei. Das Problem dabei ist: Es gibt keinen Tank für Elektrizität. Elektrische Energie muss erzeugt werden, wenn sie gebraucht wird und muss verbraucht werden, wenn sie entsteht. Sie lässt sich nicht direkt speichern. Dieser Wunschtraum seit 100 Jahren wird sich auch in Zukunft nicht erfüllen lassen.

Zur Speicherung von elektrischer Energie im Auto muss man den Umweg über die Chemie gehen. Man braucht einen chemischen Speicher, eine Batterie, einen Akkumulator.
Wenn man einmal ausrechnet, wie weit man mit der Energie einer aufgeladenen Autobatterie fahren kann, dann kommt man

gerade einmal auf fünf Kilometer. Und wenn man auf Licht, Heizung und Klimatisierung nicht verzichten will, reduziert sich die Reichweite auf die halbe Strecke.

Die Speicherung einer ausreichenden Menge elektrischer Energie stellt das Hauptproblem für den Einsatz eines Elektroautos dar.

Schon vor 80 Jahren fuhren Elektroautos der Firma Bergmann im Paketzustelldienst der Post durch die Straßen, leise, langsam und abgasfrei. Jeweils in der Nacht wurden die Batterien mit billigem Nachtstrom wieder aufgeladen. Dafür gab es damals ausschließlich Blei-Akkumulatoren.

Heute stehen für den Einsatz in Elektroautos die leistungsfähigeren Lithium-Ionen-Akkumulatoren zur Verfügung. Selbst wenn man sich eine Lithium-Ionen-Batterie für 10.000 bis 15.000 Euro leistet, kommt man damit auf eine Reichweite von nur 100 bis 120 Kilometer. Wenn man dann zu einer Elektro-Tankstelle zum Volltanken fährt, wird einem der Elektro-Tankwart sagen: Kommen Sie nach sechs Stunden wieder. Von einer Alltagstauglichkeit, wie wir es gewohnt sind, ist ein solches Elektroauto weit entfernt.

Es ergeben sich daraus zwei Forderungen:

1. Man braucht eine genügend leistungsstarke Batterie.
2. Es muss vielerorts die Möglichkeit zum Nachladen geben.

Bei der Einrichtung der Nachladestellen muss eine besondere Eigenschaft einer Batterie berücksichtigt werden: Während das Volltanken eines Autos mit Benzin oder Dieselkraftstoff nur Minuten in Anspruch nimmt, dauert das Aufladen einer Batterie viele Stunden. Das hat zur Folge, dass die Elektro-Zapfstellen immer lange belegt sind. Das gilt auch für die Lithium-Ionen-Batterie. Auf dem Gebiet der Batterie-Entwicklung sind keine

Wunder zu erwarten. Die Naturgesetze der Chemie bestimmen die Grenzen.

Seit über 100 Jahren kennt man die sogenannte elektrochemische Spannungsreihe. Diese sagt aus, welche elektrische Spannung aus der Kombination von zwei aus unterschiedlichem Material bestehenden Elektroden zu erwarten ist. Bei der Wahl des Materials muss ferner die Frage beantwortet werden: Ist der in der Batterie ablaufende chemische Vorgang auch reversibel? Kann also die Batterie auch wieder aufgeladen werden? Dann muss noch die Frage nach dem bestgeeigneten Elektrolyten, also nach dem Medium zwischen den Elektroden, gelöst werden. Für die Forschung ein weites Feld.

An der obersten Stelle der Spannungsreihe steht das Element Lithium. Eine Lithium-Ionen-Batterie gibt also eine höhere Spannung ab als eine Bleibatterie, hat damit einen wesentlichen Vorteil. So liefert ein konventioneller Lithium-Ionen-Akku pro Zelle eine Nennspannunng von 3,6 Volt.

Ein weiterer Vorteil ist das gegenüber einer Bleibatterie geringe Gewicht. Damit erreicht man eine Leistungsdichte von 300 bis 1.600 Watt pro Kilogramm. Sie ist deutlich höher als vergleichsweise bei einem Nickel-Cadmium-Akku mit 95 bis 190 Watt pro Kilogramm, der bisher als besonders leicht galt.

Der Gewichtsvorteil ergibt sich aus der Art der Elektroden. Die negative Elektrode einer Lithium-Ionen-Batterie besteht in der Regel aus Graphit. Die positive Elektrode enthält meist Lithium-Metalloxide wie Lithium-Kobaltdioxid oder Lithium-Nickeldioxid. Als Elektrolyt kommen ganz spezielle Lösungsmittel in Betracht wie Ethylencarbonat, Propylencarbonat oder Dimethylcarbonat. In diesem enthalten sind Lithiumsalze. Die Lithium-Ionen bilden die Ladungsträger. Beim Aufladen der Batterie wandern diese durch die angelegte Spannung durch den Elektrolyten hindurch zwischen die Graphitebenen der Kathode und lagern sich dort an. Beim Entladen läuft der Vorgang in umgekehrter Reihenfolge ab.

Da die Ladungsträger, also die Lithium-Ionen, kleiner sind als z. B. die Sulfationen bei einer Bleibatterie, haben sie eine höhere Beweglichkeit. Damit ergeben sich auch ein geringerer innerer Widerstand und eine kürzere Ladezeit der Lithium-Ionen-Batterie.

Das Metall Lithium ist das leichteste in der Reihe der Alkalimetalle. Es kommt in Mineralien vor, die auf der Erde recht selten sind. Abbauwürdige Vorkommen finden sich in Südamerika (Bolivien). Neuerdings wurden auch Lithium-Mineralien in Afghanistan gefunden. Wann dort wegen der politischen Verhältnisse mit dem Abbau begonnen werden kann, steht in den Sternen.

Lithium ist teuer. Die Hoffnung, dass die Lithium-Ionen-Batterie einmal billiger wird, erfüllt sich wahrscheinlich nicht. Im Gegenteil: Sobald die Nachfrage steigt, wird auch der Preis durch Spekulation ansteigen.

Beim Betrieb einer Lithium-Ionen-Batterie sind einige Besonderheiten zu beachten. Grundsätzlich lässt der elektrochemische Lade- und Entladevorgang einige zehntausend Ladevorgänge zu. Es muss aber sichergestellt sein, dass die Batterie keinesfalls überladen wird. Eine technische Einrichtung zur Ladebegrenzung ist also erforderlich. Die Entladung sollte auf 80 Prozent begrenzt sein. Eine Tiefentladung führt zu irreparablen Schäden. Flache Lade- und Entladezyklen sind günstig. Also bitte Zurückhaltung mit „Vollgas". Die ideale Betriebstemperatur liegt zwischen 18 und 25 °C. Die Batterie benötigt eine thermische Isolation. Hohe Temperaturen, wie sie im Auto durchaus vorkommen können, führen zur Zerstörung des Elektrolyten. Die Batterie kann unbrauchbar werden. Ein

Austausch des Elektrolyten wird erforderlich. Unter 10 °C erhöht sich der Innenwiderstand erheblich und die Leistung lässt nach. Die Batterie benötigt im Winter eine regulierte Heizung. Auch bei Beachtung dieser Maßnahmen kann über die Lebensdauer keine allgemeine Aussage gemacht werden. Die verbrauchte Batterie muss als Sondermüll entsorgt werden.

Jede Umwandlung von Energie von einer Form in eine andere ist mit einem Wirkungsgrad verbunden. Dieser gibt an, wie viel Prozent der hineingesteckten Energie als nutzbarer Teil wieder herauskommt.

Bei einem Elektro-Auto besteht folgende Umwandlungskette:

1. Die elektrische Energie aus der Steckdose in Form von Wechselstrom muss in Gleichstrom verwandelt, also gleichgerichtet werden. Der dazu nötige Gleichrichter hat einen Wirkungsgrad von 90 Prozent.

2. Der Gleichstrom wird beim Aufladen der Batterie in elektrochemische Energie verwandelt.

3. Beim Entladen wird die gespeicherte Energie wieder in Gleichstrom zurückverwandelt.

   Die Frage nach dem Wirkungsgrad dieser doppelten Energieumwandlung ist nicht allgemein und eindeutig zu beziffern.
   Bei Verwendung einer neuwertigen, vollgeladenen Batterie bei der optimalen Betriebstemperatur kann man mit einem Wirkungsgrad von 83 Prozent rechnen.
   Lässt man eine geladene Batterie stehen, so tritt Selbstentladung ein und der Wirkungsgrad geht deutlich zurück. Im ungünstigsten Fall kann er auf 0 gehen, d. h. die Batterie hat sich selbst entladen.

Im praktischen Gebrauch rechnet man bei einer Batterie mit einem durchschnittlichen Wirkungsgrad von 60 Prozent. Der Verlust an elektrischer Energie äußert sich in der Erwärmung der Batterie.

4. Die elektrische Energie aus der Batterie wird im Motor in mechanische Energie umgewandelt. Der Wirkungsgrad kann mit 80 Prozent angesetzt werden.

Der Gesamtwirkungsgrad dieser Umwandlungskette mit vier Umwandlungen liegt also bei 43 Prozent. Das bedeutet, dass nur 43 Prozent der aus der Steckdose entnommenen Energie zur Fortbewegung des Autos eingesetzt werden.

Vergleicht man diesen Wert mit dem Wirkungsgrad eines Diesel-Autos, so erscheint er recht günstig. Bei einem Dieselmotor kann man im praktischen Betrieb mit Wirkungsgraden von 25 bis 35 Prozent rechnen, bezogen auf den Energiegehalt des Kraftstoffes.

Einer kritischen Analyse hält dieser Vergleich nicht stand. Der Gesamtwirkungsgrad muss auch die Herstellungsverluste des elektrischen Stromes aus dem Energierohstoff Kohle oder Öl enthalten. Wenn man den Wirkungsgrad eines modernen thermischen Kraftwerks mit 50 Prozent ansetzt (s. Kap. 4) sowie die Leitungsverluste von 5 Prozent in Betracht zieht, so ergibt sich für das Elektroauto ein Gesamtwirkungsgrad, bezogen auf den Energierohstoff, von etwa 20 Prozent.

Elektromobilität erweist sich damit aus der Sicht des Verbrauchs von Energierohstoffen als nachteilig.

Der Wirkungsgrad muss auch bei der Abschätzung der Betriebskosten berücksichtigt werden. Diese können je nach Einsatz des Elektroautos und dem Fahrverhalten erheblich schwanken.

Die Energiekosten eines Elektroautos betragen:

- gegenüber einem Auto mit Dieselmotor 70 bis 80 Prozent
- gegenüber einem Auto mit Benzinmotor 50 bis 60 Prozent

Sie sind also für das Elektroauto deutlich niedriger. Die hohen Kosten bei einem Auto mit Verbrennungsmotor beruhen auf der hohen Besteuerung von Mineralöl.

Wenn es wirklich zu einer beträchtlichen Anzahl von Elektroautos kommen sollte, wird der Staat auch hierfür eine Steuer erfinden. Die relativ niedrigen Stromkosten basieren auf dem Anteil von 80 Prozent der Stromerzeugung durch konventionelle Kraftwerke. Bei der geplanten höheren Nutzung der erneuerbaren Energien wird auch der Strompreis entsprechend ansteigen. Ob sich ein Elektroauto mit den hohen Anschaffungskosten für die Batterie lohnt, muss für den Einzelfall entschieden werden.

Ein Elektroauto fährt abgasfrei. Die Abgase entstehen an anderer Stelle, und zwar dort, wo der Strom erzeugt wird. Es muss das Gesamtsystem von Stromerzeugung und Stromverbrauch betrachtet werden.

Ein Elektroauto mit dem CO_2-Ausstoß in Verbindung zu bringen, ist wenig sinnvoll. Im Kapitel 5 „Kohlendioxid - Gift für das Klima?" wird ausführlich begründet, warum Kohlendioxid kein Schadgas ist, sondern ganz im Gegenteil ein lebenswichtiges Nutzgas. Die Abgase eines Verbrennungsmotors haben genau die richtige Zusammensetzung aus CO_2 und Wasserdampf, die Pflanzen zum Wachstum benötigen. Auch das Kohlendioxid, das in den Abgasen der Kohlekraftwerke enthalten ist, ist für die Vegetation von Nutzen.

Ein anderer Gesichtspunkt bei der Diskussion über das Elektroauto findet so gut wie keine Beachtung: Der für den Motor notwendige hohe Anteil von Kupfer.

Die Kupfererze auf der Erde sind begrenzt, der Abbau und die Gewinnung des Metalls sind teuer. Der Kupferpreis hat bisher nur eine Tendenz: nach oben. Es ist anzunehmen, dass sich daran auch in Zukunft nichts ändern wird.

Bei der Kostenanalyse für ein Elektroauto muss ebenfalls der hohe Aufwand für die Leistungselektronik berücksichtigt werden. In einem komplizierten Steuervorgang muss sie die Stromversorgung des Motors je nach der Stellung des „Gaspedals" regeln sowie auch die Umschaltung des Motors vom Antrieb zum Generator bei jedem Bremsvorgang.

Unter Berücksichtigung dieser Fakten ist ein billiges Elektroauto in Zukunft nicht zu erwarten.

Für Ingenieure bietet ein Elektroauto ein reiches Betätigungsfeld. Die Sicherheit der Fahrgäste muss die gleichen Standards aufweisen wie bei einem Auto mit Verbrennungsmotor. In erster Linie ist zu klären, wo die Batterie am besten untergebracht werden kann. Sie ist schwer, mit einem Gewicht zwischen 250 und 350 kg, braucht viel Platz und muss leicht zugänglich sein. Der sicherste Ort ist dort, wo sich sonst der Tank für Benzin befindet.

Bei einem Unfall darf sich keinesfalls ein Kurzschluss, weder an der Batterie noch bei den Anschlusskabeln, ereignen. Wenn sich eine auf 10 kWh vollgeladene Batterie durch Kurzschluss in einer Sekunde entlädt, wird eine Energie von 36 Megawatt frei. Mit einem gewaltigen Blitz würde momentan eine unvorstellbare Hitze entstehen.

Die Batterie muss so fest verankert sein, dass sie einen Über-schlag übersteht. Sie darf dabei nicht auslaufen. Der Elektrolyt hat ätzende Wirkung.

Was die Frage der elektrischen Spannung betrifft, geht die Tendenz dahin, dass ein Elektroauto mit 400 Volt Gleichspan-nung betrieben wird. Die Kabel müssen Stromstärken bis zu 120 Ampere übertragen können. Sie müssen auf Dauer ein-wandfrei isoliert sein. Ein Stromschlag bei dieser Spannung wäre tödlich. Ganz besondere Anforderungen werden für Stecker und Schalter gestellt, die für Leistungen von 50 kW ausgelegt sein müssen.

In der Erkenntnis der Probleme mit dem 400-Volt-Netz haben sich die Hersteller von E-Autos in Europa darauf verständigt, ein 48-Volt-Bordnetz zum Standard zu machen. Lebensgefähr-liche Spannungen treten in diesem Netz nicht auf. Das Prob-lem, wie man dann mit den viel höheren Stromstärken fertig werden soll, erfordert noch viel Ingenieurarbeit.

Für alles, was mit dem Elektroantrieb zusammenhängt, sind internationale Standards nötig, bevor an eine Markteinführung gedacht werden kann.

Die konstruktiven Anforderungen an ein Elektroauto werden sich erfüllen lassen. Die Grenzen für den Einsatz liegen in der begrenzten Speichermöglichkeit für elektrische Energie. Auch in der Zukunft wird das Einsatzgebiet der Stadtbereich sein mit Entfernungen bis zu 100 km. Leistungsangebot und Geschwin-digkeit reichen dafür aus. Elektroautos fahren leise und abgas-frei. Nachts werden die Batterien wieder geladen. Mehr ist auch in Zukunft nicht zu erwarten.

Bei realistischer Betrachtung wird daher ein Kleinwagen in Leichtbauweise die besten Marktchancen haben. Das Gewicht des Wagens wird etwa 1.000 kg betragen, wovon 300 kg auf die Batterie entfallen. Eine Kapazität von 20 bis 30 kWh reicht für 100 km Fahrstrecke. Kosten der Batterie 12.000 bis 16.000 Euro; Ladezeit 6 bis 8 Stunden; Höchstgeschwindigkeit 100 bis 120 km/h; Drehmoment 400 bis 500 Newtonmeter, also spurtstark; Kostenrahmen 30.000 Euro.

Da es im Lauf der Zeit immer mehr Megastädte geben wird, sind Stückzahlen im Millionenbereich durchaus realistisch. Verglichen mit der Gesamtzahl der Automobile werden Elektroautos immer eine Minderheit darstellen.

Eine andere Richtung ist die Entwicklung eines Elektro-Sportwagens. Grund dafür ist das hohe Beschleunigungsvermögen durch den Elektromotor, bei dem das höchste Drehmoment von Anfang an zur Verfügung steht. Die Batterie mit einem Gewicht von 400 bis 500 kg belastet vorzugsweise die Antriebsachse. Damit man auf eine Reichweite von 200 km kommt, hat die Batterie eine Kapazität von bis zu 50 kWh, Ladezeit mindestens 10 Stunden. Die Leistung des Motors liegt bei 250 kW (340 PS), das Drehmoment beträgt 900 Nm, die Höchstgeschwindigkeit 180 km/h. Die Kosten eines solchen exotischen Sportwagens liegen deutlich über 100.000 Euro. Ob es tatsächlich einen Markt dafür gibt, muss bezweifelt werden.

Hybrid-Technik

Einen Sonderfall der Elektromobilität stellt die Hybridtechnik dar. Darunter versteht man den Antrieb eines Automobils durch zwei Motoren: Einen Verbrennungsmotor und einen Elektromotor. Der Elektromotor hat dabei eine unterstützende Funktion. Der Vorteil dieser Technik liegt in einem geringeren Kraftstoffverbrauch bei gleicher Leistung. Die Energieeinsparung ergibt sich aus Rückgewinnung von Bremsenergie und optimalem Betrieb des Verbrennungsmotors.

In einem Hybridauto genügt eine Batterie mit einer Kapazität von 3 bis 4 kWh, das der Kapazität von vier Autobatterien entspricht. Sie ist also deutlich billiger als eine Batterie in einem reinen Elektroauto.

Der Betrieb eines Hybridautos läuft folgendermaßen ab: Mit einer vollgeladenen Batterie wird elektrisch gestartet. Der Elektromotor ist beispielsweise auf 80 PS ausgelegt. Mit seinem hohen Drehmoment sorgt er für eine gute Beschleunigung. Bei verhaltener Fahrweise reicht die Kapazität der Batterie für eine Strecke von 20 bis höchstens 30 km. Ist sie erschöpft, wird automatisch der Dieselmotor gestartet, der eine dem Elektromotor entsprechende Leistung aufweist. Er übernimmt sowohl den Antrieb des Fahrzeugs wie auch die Aufladung der Batterie. Der Elektromotor fungiert dabei als Generator.

Die Leistung des Verbrennungsmotors ist für den normalen Fahrbetrieb völlig ausreichend, auch auf Autobahnstrecken. Er hat keine Leistungsreserve, er arbeitet mit hohem Wirkungsgrad. Das bedeutet, dass er sparsam mit dem Kraftstoff umgeht. Für den Fall, dass mehr Leistung gefordert wird, z. B. bei einem Überholvorgang oder am Berg, schaltet sich beim Durchtreten des Gaspedals der Elektromotor automatisch zu. Es stehen dann insgesamt 160 PS zur Verfügung. Bei jeder Verzögerung, bei jedem Bremsvorgang, wirkt der Elektromotor als Generator und lädt die Batterie wieder auf.

Ein Hybridauto erfordert eine ausgeklügelte Technik und einen erheblichen zusätzlichen Aufwand. Es kann daher nicht billig sein. Der elektrische Antrieb, die größere Batterie, die recht komplizierte Regelung sind teuer und beanspruchen zusätzlich Platz. Mit 10.000 bis 12.000 Euro Mehrkosten muss gerechnet werden. Die Einsparung von Kraftstoff hängt sehr stark vom Fahrverhalten ab. Wenn sichergestellt ist, dass bei Fahrtantritt die Batterie jedes Mal voll geladen ist, kann mit einer Einsparung von Kraftstoff von 15 bis 20 Prozent gerechnet werden. Im Fahrbetrieb erweist sich also ein Hybridauto als energetisch günstig, die Herstellung erfordert dafür einen höheren Aufwand an Energie und Material.

Elektroauto und Hybridantrieb sind keine Entwicklungen unserer Zeit. Sie standen bereits am Anfang der Automobiltechnik. Auf der Weltausstellung in Paris im Jahr 1900 präsentierte die Firma Lohner aus Wien ein von Ferdinand Porsche konstruiertes Elektroauto. Der Antrieb erfolgte mittels Radnabenmotoren an den Vorderrädern. Eine Bleibatterie von 400 kg Gewicht lieferte den Strom, genug für eine Fahrstrecke von 50 km.

Abb. 9: Lohner Porsche, das erste Hybrid-Fahrzeug von 1900,
mit zwei Verbrennungsmotoren und elektrischen Radnabenmotoren.

Es zeigte sich bald, dass der Elektroantrieb wegen der geringen Reichweite und des lang dauernden Ladevorgangs mit dem Verbrennungsmotor nicht konkurrieren konnte. Noch im gleichen Jahr präsentierte Porsche sein Auto mit „Mischantrieb", ein Hybridauto.

86

Anders als beim heutigen Hybridantrieb, bei dem zwei Antriebsstränge parallel geschaltet sind, wurde bei dem Porsche-Hybrid die Batterie ständig durch den Verbrennungsmotor aufgeladen. Der Antrieb erfolgte rein elektrisch. Dadurch wurden Kupplung und Gangschaltung gespart, damals noch zwei störanfällige Bauelemente.

Wegen des hohen Preises konnte sich diese Antriebsart gegenüber dem Direktantrieb durch einen Verbrennungsmotor nicht durchsetzen.

Anmerkung:

Warum ist eine direkte Speicherung von Elektrizität nicht möglich? Theoretisch kann man sowohl die Elektrostatik wie die Elektrodynamik zur direkten Speicherung von Elektrizität heranziehen.

1. Elektrostatik

   Hierbei stellt man sich die Speicherung von Elektrizität in einem Kondensator vor.

   In einer Anordnung von zwei gegenüberliegenden elektrischen Leitern, im einfachsten Fall von zwei metallischen Platten, wird ein solcher Kondensator durch Anlegen einer Gleichspannung aufgeladen. Das Problem liegt in der Isolation der Platten. Es gibt nur einen hundertprozentigen Isolator: Das absolute Vakuum. Da diese Platten eine Anziehungskraft aufeinander ausüben, müssen sie gegenseitig abgestützt werden. Dafür gibt es kein isolierendes Material. Jeder Kondensator entlädt sich selbst.

2. Elektrodynamik

Die Vorstellung ist, einen Strom in einem Ringleiter zu induzieren.

Nimmt man für den Ringleiter ein Material, das bei sehr tiefer Temperatur in der Nähe des absoluten Nullpunktes in den supraleitenden Zustand übergeht, also keinen elektrischen Widerstand aufweist, so fließt dieser Strom unbegrenzt ohne Verluste.
Unter Beachtung der Regeln der Supraleitung kann dieser Strom außerordentlich hohe Werte annehmen, man kann also sehr viel Energie speichern. Nach Bedarf kann diese auf induktivem Weg wieder entnommen werden. Hierbei gibt es folgende Probleme: Im Ringleiter entstehen enorme Kräfte. Der Ring muss abgestützt werden. Dabei darf keine Wärme von außen in den Ring gelangen. Ein dafür nötiges elektrisch und thermisch isolierendes hochfestes Material gibt es nicht. Eine fortdauernde Kühlung muss absolut sichergestellt sein. Die hierfür benötigte Energie stellt einen ständigen Energieverlust des Systems dar. Sollte die Kühlung einmal versagen, so würde der Ringleiter in den normal leitenden Zustand übergehen und die gespeicherte Energie würde sich schlagartig in Wärme umsetzen. Eine gewaltige Explosion wäre die Folge.

10

Wind und Wasser –
die Alternative?

Wind- und Wasserkraft sind die ältesten vom Menschen genutzten Energieformen. Moderne Technik führt zu einer gewissen Renaissance der Windkraft. Die Notwendigkeit parallel laufender konventioneller Kraftwerke verhindert eine kostengünstige Nutzung.

Wind- und Wasserkraft haben eines gemeinsam: Sie sind die ältesten Energieträger, die technisch genutzt werden. Wind- und Wassermühlen, Pumpwerke, Sägewerke, Schmiedehämmer, Wind und Wasser lieferten dafür die Energie. Unsere Vorfahren waren so klug, die Windmühlen da zu bauen, wo es Wind gab - an der Küste. Im Landesinneren gab es für den Windmüller keine Existenzgrundlage.

Das ist zwar heute auch nicht anders, aber unsere Generation leistet sich den Luxus, dort Windanlagen zu bauen, wo es nur wenig Wind gibt. Bewegte Luft hat nun einmal eine geringe Energiedichte. Da müssen riesige Rotoren her, wir beherrschen ja die Technik, und dabei bemerken wir nicht, dass wir von der Technik beherrscht werden, dass diese Technik unsere einmalig schönen Landschaften für immer zerstört.

Wirtschaftlich arbeiten die Windkraftwerke keineswegs, denn der Wind weht, wann er will. Ständig müssen konventionelle Kraftwerke in Bereitschaft stehen. Ein Windkraftwerk muss in allen seinen Komponenten, in den Türmen, in den Rotoren, in elektrischen Komponenten auf die maximal nutzbare Leistung ausgelegt sein, z. B. auf eine Windgeschwindigkeit von 10 m/s. Dann leistet das Windkraftwerk 100 Prozent. Bläst der Wind schwächer, etwa nur halb so stark mit 5 m/s, dann leistet das Kraftwerk nicht etwa die Hälfte, aber auch nicht ein Viertel, sondern gerade ein Achtel der installierten Leistung. So ist es zu verstehen, dass der Durchschnittswert der erbrachten Leistung auf höchstens 20 Prozent angesetzt werden kann.

Man kann die Frage stellen: Wie viel Windräder werden benötigt, um die gesamten deutschen Kraftwerke durch Windanlagen zu ersetzen? Berücksichtigt man nur die investierte Leistung, so kommt man auf 300.000: Das bedeutet auf dem Gebiet der Bundesrepublik Deutschland im Abstand von 1 km ein Windrad. Und diese würden bei Windstille keine einzige Kilowattstunde Strom liefern. Sämtliche anderen Kraftwerke würden trotzdem benötigt.

Wie sieht die Wirklichkeit heute aus? Nehmen wir das Beispiel Baden-Württemberg. Weil Windkraftwerke nur dort sinnvoll erscheinen, wo auch möglichst viel Wind weht, werden sie bevorzugt auf den Höhen des Schwarzwaldes gebaut. Dort hat man realistisch mit einem Einsatz von 1.000 Stunden im Jahr zu rechnen. Da in Baden-Württemberg etwa 1.000 MW Windleistung installiert ist, kann man 1 Million MWh Strom erwarten, die dem Netz zugeführt werden.

Wenn man Glück hat, und der Wind zwischen 7.00 Uhr und 10.00 Uhr am Vormittag und 18.00 Uhr und 23.00 Uhr am Abend mächtig genug bläst, dass sich die Mühlen auch drehen, wäre das ein willkommener Beitrag zum Spitzenbedarf im Stromnetz.

Für die Grundlast sind Kernkraftwerke eingesetzt, die Tag und Nacht über 24 Stunden über das ganze Jahr den Strombedarf decken. Wenn man von den 8.736 Stunden im Jahr für die Wartung 1.200 Stunden abzieht, ergibt das bei gleichen 1.000 MW für die installierte Generatorleistung in einem Kraftwerk den Betrag von 7,5 Mio. MWh. Ein Megawatt installierte Leistung erzeugt also in einem Kernkraftwerk 7,5mal mehr Strom als in einem Windkraftwerk. Für die Deckung des Spitzenbedarfs ist die Windkraft absolut ungeeignet, da man nicht darüber bestimmen kann, wann der Wind bläst.

Im Gegenteil: Da durch das Energieeinspeisungsgesetz das Elektrizitätswerk verpflichtet ist, den Windstrom abzunehmen, kann es zu der grotesken Situation kommen, dass bei geringerem Strombedarf und großen Mengen von Windstrom das kostengünstige Kernkraftwerk zurückgefahren werden muss auf einen niedrigen Betriebszustand, der nicht so kostengünstig ist. In diesem kompletten Unsinn fehlt offenbar jede Einsicht.

Auf den Schwarzwaldhöhen werden mehr und mehr Windräder gebaut, auch in ausgewiesenen Naturschutzgebieten. Um dies zu ermöglichen, gibt es die naturschutzrechtliche „Ausgleichszahlung". Sie beträgt 50 Euro pro Meter Anlagenhöhe, d. h. Höhe der Flügelspitze. Bei einer Höhe von beispielsweise 135 m ist das ein Betrag von 6.750 Euro. Ganze Windparks haben sich dafür freigekauft in einem Gebiet, wo man keine Blume straflos pflücken darf.

Man muss sich darüber klar sein: das Energieeinspeisungsgesetz ist nicht nur wirtschaftsschädlich, es ist auch die gesetzliche Zerstörung unserer einmalig schönen Landschaft. Und das für immer.
Wenn es eine Zukunft für die Windkraft gibt, dann liegt diese im Wasser. Auf hoher See gibt es so viel Windkraft, dass die Stromerzeugung doppelt so hoch wäre wie im Landesinneren. Es werden Windparks in der Nordsee errichtet, 15 bis 50 km

vor der Küste im offenen Meer. Die dort eingesetzten Wind-räder haben Leistungen bis zu 5 Megawatt. Allerdings ist die Installation bei 15 Meter Wassertiefe und die Übertragung des off-shore produzierten Stromes durch Kabel in das Netz auf dem Festland eine technische Herausforderung und teuer.

Hinzu kommt ein drastisch erhöhter Wartungsaufwand. Fällt ein Windrad wegen eines Defektes aus, muss die Reparatur-mannschaft mit dem Boot oder dem Hubschrauber hingebracht werden. Sturm und hoher Seegang können einen solchen Windpark für Tage unerreichbar machen.

Nach den Erfahrungen bestehender Off-shore-Windparks kann man von einer Nutzungsdauer von 4.000 Stunden pro Jahr ausgehen. Ein besonderes Problem ist der Salzgehalt des Wassers und der feuchten Luft. Es müssen für die Konstruktion Materialien verwendet werden, die auf Dauer der Aggressivität standhalten. Salzhaltige Feuchtigkeit darf wegen der Leitfähig-keit auf keinen Fall in das Innere des Generators gelangen. Eine Off-shore-Windanlage wird erheblich teurer als eine Anla-ge an Land. Sie kann sich auch nur rechnen, wenn die Ein-speisungsvergütung entsprechend hoch ist.

Eine Frage muss noch beantwortet werden, nämlich die nach dem Wirkungsgrad für die Umwandlung der mechanischen Leistung des Rotors in die Generatorleistung. Der ist am höchsten, wenn das Windkraftwerk mit der berechneten Nenn-leistung arbeitet. Er kann gegen null gehen, wenn sich nichts bewegt. Der Gesamtwirkungsgrad ist von der Windergiebigkeit abhängig und kann nur geschätzt werden.
Nimmt man einmal an, der Wirkungsgrad liegt in windstarken Gegenden bei 70 Prozent, so werden 70 Prozent der Rotorleis-tung in Stromleistung umgesetzt. Benutzt man den Strom für einen Elektromotor, der ebenfalls einen Wirkungsgrad von 70 Prozent haben kann, so beträgt der Gesamtwirkungsgrad rund 50 Prozent. Die Hälfte der Rotorleistung wird somit genutzt.

Wie vorteilhaft arbeiten da die alten holländischen Windmühlen: Wirkungsgrad fast 100 Prozent, da wurde die Rotorleistung durch ein mechanisches Getriebe direkt auf die Mühlsteine übertragen.

Ein weiteres Argument für die Windkraft, das immer Gehör findet, ist: Dadurch würden Arbeitsplätze geschaffen. Die in Deutschland installierten Windkraftwerke werden zwar in Deutschland gebaut. Nach Angaben der Windkraftindustrie wurden damit 35.000 Arbeitsplätze geschaffen. Doch der Stromkunde hat dafür durch den höheren Strompreis und Abgaben jedoch etwa 3 Milliarden Euro zu bezahlen - jährlich.

Da ein qualifizierter Arbeitsplatz in der Industrie rund 50.000 Euro kostet, könnten mit dem Geld an anderer Stelle 60.000 Arbeitsplätze finanziert werden. Hat das niemand nachgerechnet?

So alt wie die Nutzung der Windenergie ist auch die Nutzung der Wasserkraft. In Deutschland beträgt der Anteil der Stromerzeugung durch Wasserkraft 3,2 Prozent. Sie ist umweltfreundlich und kostengünstig. In der Schweiz betragen die direkten Kosten des durch Wasserkraft erzeugten Stromes zwischen 1 und 2 Rappen pro Kilowattstunde. Die Alpenländer sind in einer günstigen Lage, denn bei der Wasserkraft kommt es auf Wassermenge und Fallhöhe an. Da könnte noch mehr Energie gewonnen werden, allerdings auf Kosten des Naturschutzes.

Die in Deutschland wegen der topografischen Verhältnisse gegebenen Möglichkeiten zur Errichtung von Stauwerken sind begrenzt und weitgehend genutzt. Die Alpenflüsse und die Donau haben Staustufen, und der Rhein wird wohl niemals zwischen Bingen und Koblenz aufgestaut werden.

Abb. 10: Fallrohre im Walchenseekraftwerk

94

Der volumenmäßig drittgrößte deutsche Stausee, der Edersee, hat ein Fassungsvermögen von 200 Mio. m³ Wasser bei einer Stauhöhe von 43 Meter. Die vermutlich letzte große Talsperre Leibis-Lichte in Thüringen wurde im Mai 2006 in Betrieb genommen. Sie hat einen Speicherinhalt von 39 Mio. m³ bei einer Stauhöhe von 95 Meter.

Man darf sich über die Leistung der Wasserkraftwerke keiner Täuschung hingeben. Das Walchenseekraftwerk leistet mit 37.000 kW gerade so viel wie die Düsentriebwerke eines Verkehrsflugzeugs. Sämtliche Wasserkraftwerke in Deutschland liefern zusammen 25 TWh Strom im Jahr.

Die in der Ebene fließenden Flüsse lassen wegen des geringen Gefälles kaum eine Nutzung zu. Ein Extrembeispiel bietet der längste Fluss Europas, der Dnjepr, mit über 3.000 km Länge. Zwischen Quelle und Mündung liegen nicht einmal 100 Höhenmeter, er ist praktisch ein stehendes Gewässer geringer Tiefe. Auf seinem ganzen Lauf liefert ein einziges Stauwerk Strom.

Nur dort, wo Gebirge das nötige Gefälle liefert, ist noch ein Potenzial für Wasserkraft vorhanden. China zeigt, wie ein diktatorisch regierter Staat Millionen von Bewohnern umsiedelt, um den Dreischluchtenstaudamm zu bauen. Er ist das größte Stauwerk der Welt mit einer Höhe der Staumauer von 185 m und wird einmal 18.000 MW liefern. Pro Jahr werden 85 TWh Strom erzeugt, die dreieinhalbfache Menge sämtlicher deutscher Wasserkraftwerke.

Mit der daraus gewonnenen, billigen Energie und mit dem Strom aus den neuen Kernkraftwerken wird sich der Industriestandort Deutschland noch auseinandersetzen müssen: Günstige Stromkosten und günstige Lohnkosten, das genaue Gegenteil von dem, was es in unserem Lande gibt.

Eine Besonderheit bei der Nutzung der Wasserkraft bilden die Speicherkraftwerke. In einer topografisch dafür geeigneten Gegend wird auf einem höheren Niveau ein künstlicher See angelegt, in den aus einem tiefer liegenden Wasserreservoir Wasser gepumpt werden kann. Das geschieht, wenn billiger Strom im Überfluss zur Verfügung steht. Stellt sich unerwartet ein hoher Strombedarf ein, so kann das Wasser aus dem oberen Speichersee eine Turbine antreiben, über die Strom erzeugt wird. Der große Vorteil liegt darin, dass sofort Strom zur Verfügung gestellt werden kann, wenn er gebraucht wird. Man kann die Frage stellen, ob mittels solcher Speicher nicht auch zufällig anfallende große Mengen von Solar- oder Windstrom gespeichert werden können.

In solchem Fall würde zwar keine elektrische Energie gespeichert, sondern potenzielle Energie, die über das Hochpumpen von Wasser aus der elektrischen Energie gewonnen wird. Es laufen damit folgende Energieumwandlungen ab:

- Umwandlung der elektrischen Energie durch einen Motor in mechanische Energie,

- Umwandlung der mechanischen Energie durch Hochpumpen von Wasser in potenzielle Energie.

Nimmt man für die beiden Umwandlungsstufen jeweils einen Wirkungsgrad von 75 Prozent an, so beträgt der Gesamtwirkungsgrad 56 Prozent. D. h. im oberen Speicher sind 56 Prozent der aufgewendeten Energie gespeichert. Das ist durchaus realistisch, denn nicht immer steht so viel Energie zur Verfügung, dass die installierte Leistung ausgenutzt wird.

Außerdem wird der Gesamtwirkungsgrad durch Turbulenz im Wasser und durch Reibung in den Rohrleitungen gemindert. Benötigt man kurzfristig Strom, so geht man den umgekehrten

Weg. Turbinen und Generatoren erzeugen Strom wie mit 75 Prozent Wirkungsgrad. Der aus dem Pumpspeicherwerk zurückgewonnene Strom ist also mit einem Wirkungsgrad von 31 Prozent, bezogen auf die aufgewendete Energie, erzeugt worden. Über zwei Drittel der hineingesteckten Energie gehen verloren. Die Konsequenz daraus ist, dass zur Speicherung über ein Pumpspeicherwerk vor allem billigster Strom wirtschaftlich verwendet werden sollte.

Der Vorschlag, Solarstrom auf diese Weise zu speichern, liefe darauf hinaus, dass der zurückgewonnene Strom das Dreifache, also statt 50 Cent pro Kilowattstunde am Ende 1,50 Euro pro Kilowattstunde kosten würde. Dabei ist bei dieser Rechnung überhaupt noch nicht berücksichtigt, dass die Anlage eines Pumpspeicherwerks eine überaus teure Investition ist. Die Kosten dafür würden in den Stromkosten ihren Niederschlag finden. Solar- oder Windstromspeicherung über Pumpspeicherwerke ist schlicht ein Irrweg.

Eine Besonderheit der Wasserkraftwerke stellen die Gezeitenkraftwerke dar. Sie nutzen den Gezeitenhub, den Unterschied zwischen dem Wasserstand bei Flut und Ebbe, aus. Anders als bei den übrigen Wasserkraftwerken stammt die Energie nicht letzten Endes von der Sonne, sondern von der Rotationsenergie, der kinetischen Energie der Erde. Die Erdrotation wird abgebremst.

Auch für ein Gezeitenkraftwerk gilt, dass der Nutzeffekt umso besser ist, je höher die Fallhöhe und je größer die Wassermenge ist. Die zur Verfügung stehende Wassermenge ist unbegrenzt, der nutzbare Gezeitenhub nur an wenigen Stellen der Meeresküste vorhanden. Es kommt auf die Formation der Küste an, Flussmündungen sind besonders vorteilhaft.

Das Prinzip eines Gezeitenkraftwerks ist einfach. Bei Flut fließt Meerwasser durch ein Stauwerk in ein landeinwärts gelegenes

Becken. Dabei wird über Turbinen und Generatoren Strom erzeugt. Bei dem Höchststand der Flut wird der Wasserdurchfluss gesperrt. Bei Ebbe wird der Durchfluss geöffnet, das Wasser fließt aus dem Staubecken in das Meer und treibt wieder die Turbinen an. Das Ganze wiederholt sich zweimal am Tag.

Ein solches Kraftwerk existiert in Frankreich in der Bretagne an der Rance. Dort ist der Gezeitenhub bis zu 14 m hoch. Die installierte Leistung beträgt 240 MW. Ein weiteres Gezeitenkraftwerk mit einer Leistung von 18 MW befindet sich in Neuschottland.

Bei diesen Kraftwerken hat sich gezeigt, dass wegen Korrosion und Versandung ein hoher Wartungsaufwand anfällt. Die Stromerzeugung erfolgt nicht kontinuierlich und nicht bedarfsgerecht. Die Kosten des in Frankreich erzeugten Stromes betragen das Vierfache bezüglich der französischen Kernkraftwerke.

Eine Variante, aus der Bewegung des Meerwassers Energie zu gewinnen, stellen die Wellenkraftwerke dar. Zweifellos steckt in den Wellen, die an der Küste auflaufen, eine gewaltige Menge an Energie. Um sie zu nutzen, sind zwei unterschiedliche Systeme in der Erprobung.

Der vor der Küste Dänemarks errichtetet Prototyp des „Wave-Star"-Systems besteht aus einer auf einem 1.000 Tonnen schweren stabilem Fundament ruhenden Plattform. An dieser sind über ein Hebelsystem halbkugelförmige Schwimmer befestigt, die von den Wellen auf und ab bewegt werden. Da die Wellen in unterschiedlichem Takt und in unterschiedlicher Höhe anfallen, kann die Bewegung der Arme nicht direkt einem Generator zugeführt werden. Die Bewegung muss vorgeglättet werden. Dies stellt das Hauptproblem der Anlage dar. Es wird mit einem Hydrauliksystem gelöst, das die aufgefangene

Energie einem Hydraulikdruckspeicher zuführt. Von diesem wird ein Hydraulikmotor angetrieben, der mit einem Stromgenerator gekoppelt ist.

Wie die im Herbst 2009 in Betrieb genommene Versuchsanlage mit zwei Schwimmern gezeigt hat, ist bei dem in Angriff genommenen Projekt mit 40 Schwimmern eine Leistung von 500 kW zu erwarten.

Abb. 11: Prototyp des Wave-Star Wellenkraftwerks

Ein anderes System, das zur gleichen Zeil vor den Orkney-Inseln in die Erprobungsphase gegangen ist, nutzt die hin- und hergehende Bewegung der Dünung aus. In etwa 15 Meter Tiefe ist an einem stabilen Rahmen eine bewegliche Stahlmuschel (Oyster) befestigt, die von der Dünung hin- und herbewegt wird. Mittels eines Hydraulikzylinders wird Meerwasser mit 70 bar Druck durch eine Rohrleitung zum Festland gedrückt. Mit dem Druckwasser treibt eine Pelton-Turbine einen

Stromgenerator an. Die gesamte Anlage ist auf eine Leistung von 300 kW ausgelegt.

Beide Systeme von Wellenkraftwerken arbeiten intermittierend mit stets wechselnder Energieausbeute. Eine Wirtschaftlichkeit ist nicht in Sicht. Aufwand und Ertrag passen nicht zusammen.

Die Tatsache, dass Strom erzeugt werden muss, wenn er gebraucht wird und genutzt werden muss, wenn er anfällt, hat zu vielen, teilweise utopisch anmutenden Vorschlägen zur Energiespeicherung geführt. Die Idee, die elektrisch erzeugte Energie ähnlich einem Pumpspeicherwerk statt mit Wasser mittels Druckluft zu speichern, erscheint plausibel und machbar. Mit einem elektrisch angetriebenen Kompressor wird Druckluft erzeugt und in einem genügend großen Druckbehälter gespeichert. Bei Strombedarf wird mittels der Druckluft eine Turbine in Bewegung gesetzt, die einen Generator antreibt. Der Vorschlag scheint technisch realisierbar.

Warum gibt es solche Druckspeicherkraftwerke nicht schon längst? Was spricht dagegen? Wo liegen die Probleme?

Zum besseren Verständnis bedarf es einiger technischer und physikalischer Kenntnisse. Aus der Theorie der Gase ergibt sich, dass bei der Kompression ein Teil der aufgewendeten Energie als Wärme anfällt. Jeder, der schon einmal einen Fahrradreifen aufgepumpt hat, wird wissen, dass die Luftpumpe dabei warm wird. Die Druckluft wird warm, sie enthält Wärmeenergie. Diese Wärme kann zum Beispiel als Heizwärme genutzt werden, wenn sie als Zusatzheizung dient, eben dann, wenn sie anfällt.

Anders als bei einem Pumpspeicherwerk, das mit gleichbleibendem Wasserdruck arbeitet, nimmt der Luftdruck im Speicher von Null bis zu einem Maximaldruck zu. Aus diesem Grund ist es nötig, mehrere Kompressoren zu verwenden, zum

Beispiel einen Niederdruck-, einen Mitteldruck- und einen Hochdruckkompressor.

Das gleiche gilt für die Rückumwandlung der Energie. Eine für den Höchstdruck konstruierte Turbine würde bei dem halben Druck nur mit sehr schlechtem Wirkungsgrad arbeiten und wäre daher nicht rationell. Wenn der Speicherinhalt seinem Ende zugeht, entweicht nur ein schwacher Luftstrom. In der Praxis kann nur ein Teil der Druckluft zur Rückgewinnung der Energie genutzt werden.

Eine andere Überlegung geht dahin, die entstehende Wärme in einem eigenen, gut isolierten Wärmespeicher zu speichern. Die im Druckbehälter gespeicherte Druckluft sollte eine Temperatur von 20 °C möglichst nicht überschreiten.

Bei der Rückumwandlung der Druckluft, die sich dabei abkühlt, wird sie aus dem Wärmespeicher aufgeheizt. Dadurch erhöht sich der Wirkungsgrad des Druckspeichersystems, den man mit 60 bis 70 Prozent annehmen kann. Wenn man den Wirkungsgrad der Elektromotoren, der Kompressoren, der Turbinen und des Generators mit einbezieht, kommt man jedoch nur zu einem Gesamtwirkungsgrad des Systems von bestenfalls 25 Prozent. Da die ganze Anlage der Druckluftspeicherung eine kostspielige Angelegenheit darstellt, hat sie keine Chance auf einen wirtschaftlichen Betrieb.

11

Was ist sonst noch
im Angebot?

Bei der Nutzung landwirtschaftlicher Produkte zur Energieerzeugung muss immer im Auge behalten werden, dass Ernährung und Bekleidung der wachsenden Weltbevölkerung im Vordergrund stehen muss. Die Nutzung der Erdwärme, Aufwind- und Wellenkraftwerke ist von einer Rentabilität weit entfernt. Die Methanhydrate stellen eine Option für die Zukunft dar.

Was *bio* heißt, muss gut sein. Ein Schlagwort, das sich durchgesetzt hat. Griechisch *bios* heißt auf deutsch *Leben*. Somit ist *Bio*energie Energie aus Lebensmitteln. *Bio*kraftstoffe sind Kraftstoffe vom Acker. 850 Millionen Menschen auf der Erde leiden Hunger, das sind mehr als 10 Prozent der Weltbevölkerung. 50 Millionen verhungern jedes Jahr, darunter 15 Millionen Kinder. Für sie fehlen die Lebensmittel. Die Bilder werden uns durch das Fernsehen ins Haus geliefert.
Diese Zahlen muss man im Gedächtnis haben, wenn man noch mehr Flächen zum Anbau von Raps, Mais, Weizen, Grünfutter und Holz fordert, um mehr Bioenergie zu erzeugen. Die Fläche der Bundesrepublik Deutschland reicht nicht aus, um darauf genügend Lebensmittel für die Ernährung der Men-

schen zu erzeugen. Deutschland ist auf Importe angewiesen. Niemand kann mit Sicherheit ausschließen, dass diese einmal ausbleiben. Kohle kann man nicht essen, Erdöl nicht trinken, und für Uran gibt es außer der Herstellung von Munition und der Erzeugung von Energie keine Verwendung. Aber der Reihe nach.

1. Strom vom Acker

Die Idee ist einfach. In einem Vergärungs- und Fäulnisprozess wird aus organischem Material ein brennbares Gas erzeugt. Damit wird ein Gasmotor betrieben, der einen Generator zur Stromerzeugung antreibt.

Als organisches Material kommen Produkte der Landwirtschaft in Betracht wie Mais, Futtergetreide, aber auch Gülle. In der Praxis hat sich gezeigt, dass in erster Linie grüner Mais für die Erzeugung von Biogas vorteilhaft ist. Gas kommt als Zuschlag, wenn vorhanden. Gülle kann den Gärungsprozess beschleunigen, hat aber selbst nur einen geringen Energiegehalt. In Deutschland sind z. Zt. etwa 3.000 Biogasanlagen unterschiedlicher Leistung in Betrieb. Für diese werden nach Angaben des *Deutschen Maiskomitees* auf 243.000 ha Mais angebaut (2007), die im Jahr 4,1 TWh Strom liefern und zu 3,1 Prozent zur Stromerzeugung beitragen. Mittels staatlicher Förderungsprogramme aus Steuergeldern und einer garantierten Stromabnahme für 15 Cent pro Kilowattstunde soll diese Art der Stromerzeugung bis zum Jahr 2020 auf 17 Prozent gesteigert werden. Dazu wäre eine Anbaufläche von 51.000 km² nötig, also die zwanzigfache Fläche des Saarlandes.

Um den Prozess der Biogaserzeugung optimal zu führen, müssen spezielle Bedingungen erfüllt werden. Eine typische Anlage arbeitet folgendermaßen: Das Ausgangsmaterial, also Mais, Silage, Futtergetreide, Gras usw. wird in einem der Biogasanlage vorgelagerten, etwa 25 m³ großen Mischbehälter mechanisch durchmischt. Der Inhalt eines solchen Mischers beträgt etwa 10 Tonnen. Daraus wird in halbstündlichen Abständen das Mischgut automatisch portionsweise in den ersten Gärbehälter gefüllt. Damit können die für den Gärprozess verantwortlichen Bakterien das Gärgut aufspalten. Dieser erste Gärbehälter, der Hauptfermenter, hat einen Inhalt von 350 m³. Der Hauptfermenter wird beheizt und auf einer konstanten Temperatur von 40 °C gehalten, bei der die zur Gärung erforderlichen Bakterien am besten gedeihen. Das Gärgut wird mit einem Rührwerk dauernd durchmischt.

Nach etwa drei Wochen gelangt das Mischgut in einen Nachfermenter, einem Behälter von etwa 10 m Durchmesser und 5 m Höhe. In dieser zweiten Stufe wird der Gärprozess mit thermophilen Bakterien bei einer genau einzuhaltenden Temperatur von 52 °C beendet. Nach 35 Tagen kann der Gärrest in ein Endlager gebracht werden. Dort muss er mindestens sechs Monate ablagern, bevor er als Dünger auf die Felder ausgebracht werden kann.

Das in den Fermentern erzeugte Gas besteht aus 60 Prozent Methan und hat einen hohen Energiegehalt. Ein Teil des Gases wird zum Heizen der Anlage benutzt, mit dem anderen wird ein Gasmotor betrieben, der einen 250 kW-Generator antreibt. Eine solche mittelgroße Anlage benötigt jährlich 4.000 Tonnen Mais, der auf 80 ha Ackerfläche angebaut wird. Die Investitionskosten liegen bei 1 Million Euro. Der Erlös für zwei Mio. Kilowattstunden in das Netz eingespeisten Strom beträgt 300.000 Euro. Eine betriebswirtschaftliche Durchrechnung zeigt, dass nur durch die staatliche Subventionierung mit dem garantierten, hohen Abnahmepreis für Strom die Anlage rentabel ist. Bei einer Investitionssumme von 1 Million Euro entspricht die elektrische Leistung des Generators etwa derjenigen von zwei Automotoren der Mittelklasse.

Auch bei Biogas muss die Frage nach dem Wirkungsgrad gestellt werden. Bei dem Gasmotor, der den Stromgenerator antreibt, ist mit 35 Prozent zu rechnen. Hat der Generator einen Wirkungsgrad von 50 Prozent, so beträgt der Gesamtwirkungsgrad für die Stromerzeugung 25 Prozent, also ein Viertel des Energiegehaltes des erzeugten Gases. Als positiv schlägt zu Buche, dass die im Motor entstehende Wärme zur Beheizung der Fermenter gebraucht werden kann.

Die Stromerzeugung aus Biogas stellt nicht die optimale Nutzung dar. Es würde sich anbieten, das erzeugte Gas in die Erdgasleitung einzuspeisen. Biogas unter Verwendung von Gülle scheidet wegen der Geruchsbelästigung allerdings aus.

Die Erzeugung von Biogas ist eine technisch aufwändige und teure Form der Energielieferung. Sie hat ihre Grenzen in der nicht ausreichend vorhandenen Anbaufläche. Für eine Ausweitung der Gaserzeugung müssten die Ausgangsstoffe wie Mais, Futtergetreide usw. zu Weltmarktpreisen importiert werden. Dieser ist zwar momentan niedrig, wird aber bei Verknappung der Ressourcen durch die Zunahme der Weltbevölkerung mit Sicherheit steigen.

Es ist auch keinesfalls wünschenswert, dass zur Vergrößerung der Anbaufläche noch die Regenwälder abgeholzt werden. In Deutschland sind zahlreiche neue Biogasanlagen in Planung und im Bau, z. B. eine 20 Megawatt-Großanlage in Mecklenburg. Der steigende Anteil Biogas zur Stromerzeugung wird auch den Strompreis weiter verteuern.

2. Kraftstoff aus dem Acker

Die grundsätzlichen Überlegungen, inwieweit Ackerflächen, die zum Anbau von Lebensmittel dienen können, zur Erzeugung von Energie herangezogen werden sollen, gelten auch für

Kraftstoffe vom Acker. Es ist erstaunlich, dass diese Betrachtungsweise bei Politikern keine Beachtung findet.

Zur Erzeugung von Biokraftstoffen gibt es zwei grundsätzlich verschiedene Wege: Der eine Weg führt über ölhaltige Pflanzen und einem entsprechenden Raffinageprozess zu Dieselkraftstoff. Der andere Weg geht über den Anbau von stärkehaltigen Pflanzen und die Gewinnung von Ethylalkohol. Damit kann Benzin ersetzt werden.

Beide Wege sind bei den heutigen Diesel- und Benzinpreisen in Deutschland nicht wirtschaftlich und werden deshalb subventioniert. Die Landwirte profitieren von dieser Entwicklung in zweifacher Weise. Sie erzielen gute Preise für Raps zur Herstellung von Biodiesel und gewinnen von den steigenden Preisen für Getreide. Die Anbaufläche wird knapp, stillgelegte Flächen können wieder bewirtschaftet werden. Die Getreidepreise sind bereits um 10 Prozent gestiegen und bei einer Verknappung ist mit weiteren Preissteigerungen zu rechnen. Für die Verbraucher werden Lebensmittel teurer. Energie frisst Lebensmittel.

In Deutschland wie in ganz Europa wird aus klimatischen Gründen die Herstellung von Kraftstoffen bevorzugt aus ölhaltigen Agrarerzeugnissen erfolgen. Hinzu kommt, dass die Herstellungsverfahren wenig energieaufwändig sind. Nur etwa 7 Prozent der in Rapsöl enthaltenen Energie werden zur Herstellung von Biodiesel benötigt.

Zum Anbau von Raps gehören Feldarbeit, Vorbereitung des Ackerbodens, Aussaat und Ernte, Transport und Düngung. Dabei werden nicht zu vernachlässigende Mengen an Kraftstoff eingesetzt. Bei der Stickstoffdüngung gelangen vier bis fünf Prozent des verwendeten Düngers als Distickstoffmonoxid, also als Lachgas, in die Atmosphäre. Folgt man den Anhängern der Treibhaustheorie, wirkt Lachgas dort wie Kohlendioxid, jedoch dreihundertmal so stark, und ist demnach ein Treibhausgas ersten Ranges.

Wenn man das Gesamtsystem der Herstellung von Biodiesel aus Rapsanbau betrachtet, kommt man zu der Feststellung, dass Biodiesel keineswegs „klimaneutral" ist, sondern die Erderwärmung fördert. Im Vergleich mit Dieselkraftstoff aus Mineralöl trägt die Verwendung von Biodiesel 1,7mal so viel zur Erderwärmung bei, legt man die landläufigen Theorien vom Treibhauseffekt von Spurengasen zugrunde.

Der Weg, aus Ethanol Benzin oder Benzinersatzstoffe herzustellen, ist in Deutschland weit von jeder Rentabilität entfernt. Die Bezeichnung *Bioethanol* ist insofern unsinnig, da Ethanol grundsätzlich aus Erzeugnissen der Landwirtschaft stammt. Zur Erzeugung von Ethanol, also Ethylalkohol, kann man eine große Zahl von Früchten verwenden, Obst, Kartoffeln, Getreide, Zuckerrüben. Die Schnapsbrennerei ist uralt. Um einen hochprozentigen Alkohol durch Destillation zu erzeugen, braucht man viel Energie.

In anderen Ländern ist die Situation völlig anders. Brasilien, als Hauptlieferant von Rohrzucker, ist prädestiniert für die Herstellung von Ethanol. So kostet eine Tonne Rohrzucker 160 US-Dollar gegenüber dem in Europa hergestellten Zucker aus Zuckerrüben mit 700 US-Dollar pro Tonne. Selbst wenn man berücksichtigt, dass der Energieaufwand zur Herstellung von Ethanol 75 Prozent des Energieinhaltes des Endproduktes beträgt, ist das Verfahren bei den billigen Fertigungslöhnen noch rentabel. Die Anbaufläche für Rohrzucker ist noch längst nicht ausgeschöpft. Es kann erwartet werden, dass Brasilien in Zukunft der Hauptlieferant für Ethanol für Biokraftstoffe sein wird. Eine Zumischung von 25 Prozent Ethanol zu Benzin ist heute dort schon üblich. Der Anbau von Zuckerrohr auf dem südamerikanischen Kontinent konkurriert jedoch mit dem

Schutz der Regenwälder und ist somit ökologisch nicht unbedenklich.

Mit „Bio" werden nach allgemeiner Ansicht Produkte bezeichnet, die besonders umweltfreundlich hergestellt sind. Gilt Umweltfreundlichkeit auch für die Abgase nach der Verbrennung im Motor?

Das pflanzliche Ausgangsmaterial kann ganz unterschiedliche Stoffe enthalten. Raps ist nicht gleich Raps. Je nach Sorte, Düngung, Anbaugebiet ist die Zusammensetzung des Rapsöls unterschiedlich. In jedem Fall enthält Rapsöl eine Reihe von Stoffen, die im Dieselkraftstoff aus Mineralöl nicht vorkommen. Der Verbrennungsvorgang von Kraftstoff im Motor ist kompliziert und für Mineraldiesel gut erforscht. Der Kraftstoff verbrennt sauber.

Bei der Verbrennung von Biodiesel entstehen Stoffe, die zum Teil als umweltschädlich eingestuft werden müssen. Es handelt sich dabei um Ruß, polyzyklische aromatische Kohlenwasserstoffe und Stickoxide, die zum sauren Regen beitragen, sowie Ammoniak, Blausäure, Phosphor. Die Untersuchungen stehen noch am Anfang.

Einfluss auf den Verbrennungsvorgang haben Druck, Temperatur, Strömung im Zylinder und Mischungsverhältnis.

Bei den Kraftstoffen auf Ethanolbasis sind diese Anteile deutlich geringer, andererseits entstehen Formaldehyd und Azetaldehyd. Weder Biodiesel noch Benzin aus Ethanol sind per se umweltfreundlich. „Bio" bezieht sich auf die Herstellung aus Rohstoffen für Lebensmittel. Nach der Verbrennung im Motor belasten sie die Umwelt.

Biodiesel

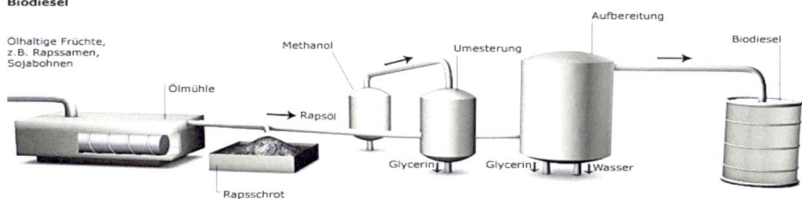

Bioethanol

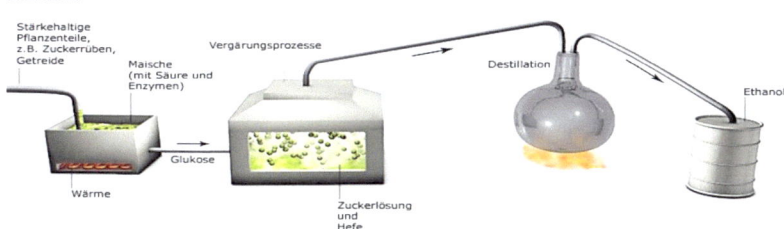

Biomass to Liquid

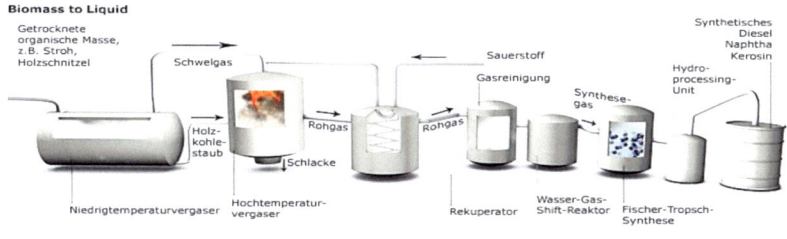

Biomethan

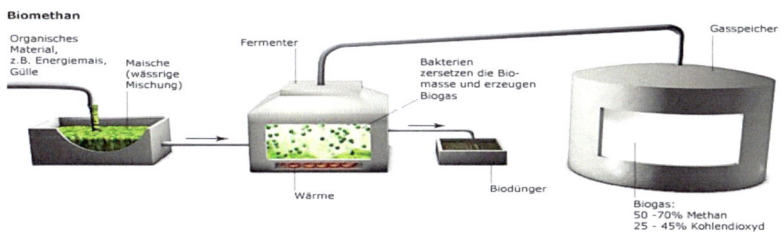

Abb. 12: Verfahren zur Herstellung von Biokraftstoffen

3. Biosprit aus Algen

Ohne Landverbrauch für Lebensmittel lassen sich Kraftstoffe auch aus Algen erzeugen. Algen sind in vieler Hinsicht ein Erfolg versprechender Ausgangsstoff für flüssige Energieträger. Sowohl in den USA wie auch in Deutschland laufen groß angelegte Versuchsprojekte.

Wasser, das darin gelöste Kohlendioxid und Sonnenlicht als Energiequelle sind die Grundlagen für Algenwachstum. Laut Planung sollen großflächige Teiche in abgelegenen Gebieten angelegt werden. Die Algen entnehmen dem Wasser Kohlendioxid, das diesem wieder zugeführt werden muss. In der Nähe von Kohlekraftwerken kann dafür Rauchgas, das 14 Prozent Kohlendioxid enthält, in das Wasser eingeleitet werden. In einer Pilotanlage in Texas verwendet man dafür Kohlendioxid aus natürlichen Quellen. Die in dieser Anlage wachsenden Algen werden anschließend zu Biodiesel verarbeitet.

Ähnlich wie bei Raps als Ausgangsmaterial werden dafür die Fettsäuren oder Lipide aus Zellwänden der Pflanzen verwendet. Bei diesen Fetten handelt es sich um Kohlenwasserstoffketten, die große Ähnlichkeit mit jenen Ketten und Ringen aus Kohlenwasserstoffen haben, aus denen das Erdöl besteht. Deshalb lassen sich diese Lipide sogar in herkömmlichen Raffinerien zu Treibstoffen für Verbrennungsmotoren verarbeiten.

Die einzelligen Algen haben gegenüber den höheren Pflanzen einige wesentliche Vorteile. So setzen sie in ihrer Photosynthese das Sonnenlicht wesentlich effizienter um. Je nach Algensorte machen Lipide bis zu 35 Prozent des Trockengewichtes der Algen aus. Auf der gleichen Grundfläche liefern Algen daher mehr Kraftstoff als höhere Pflanzen. Die Ölgewinnung steht dabei auch nicht, wie beispielsweise bei Raps, im Wettbewerb mit dem Anbau von Nahrungsmitteln.

In Deutschland steht bei Köln eine 600 Quadratmeter große Pilotanlage, die das Rauchgas eines nahen Braunkohlekraftwerks nutzt. Die Algen wachsen in einem Treibhaus in durchsichtigen Plastikschläuchen, die mit Salzwasser gefüllt sind. Genaue Angaben über die Ausbeute lassen sich jedoch noch nicht machen. Man schätzt jedoch, dass in den Freilandbecken der Anlage in Texas so viele Algen wachsen können, dass sich daraus bis zu 60.000 Liter synthetisches Rohöl je Hektar und Jahr gewinnen lassen.

Eine Möglichkeit, die Ausbeute zu steigern, wird darin gesehen, die Algen in Bioreaktoren zu züchten. Auf dem Gelände des Forschungszentrums Karlsruhe werden neue Bioreaktoren entwickelt, in denen Algen das Sonnenlicht mit mehrfach höherem Wirkungsgrad als in offenen Becken umsetzen.

Ein anderer Weg geht dahin, Algensorten durch Genmanipulation so zu verändern, dass mehr als die Hälfte der Trockenmasse aus Lipiden besteht. Biosprit aus Algen ist damit eine zukunftsträchtige Option.

4. Nachwachsendes Heizmaterial

Seit Menschengedenken wird mit Holz geheizt, und das wird auch noch so bleiben, dort, wo es Holz gibt. Auch der berühmte Schwedenstahl wurde mittels Holzkohle erschmolzen, bis man erkannte, dass das Holz aus dem Wald nicht endlos verfügbar war.

Heute wird Heizen mit Holz wieder empfohlen mit der Begründung, dass es sich um einen nachwachsenden Rohstoff handelt, bei dem durch die Verbrennung ebenso viel Kohlendioxid entsteht wie durch das Wachstum aufgenommen wurde. Es entsteht aber nicht nur CO_2, auch Wasserdampf, der ebenso unschädlich ist, sondern je nach Art des Holzes und der Führung der Verbrennung entstehen unerwünschte Oxide, zumindest auch Phenole und Teere. Unter Umständen ist die Verbrennung von Holz gar nicht so umweltfreundlich wie behauptet.

Um den heute geforderten Komfortansprüchen zu genügen, wird das Ausgangsmaterial Holz zu normgerechten Pellets verarbeitet. Das sind kleine Kügelchen, die zum Betrieb einer automatisch arbeitenden Heizungsanlage erforderlich sind. Holz aus Sägewerken und Schreinereibetrieben ist dafür nur bedingt geeignet, im Wald gesammeltes Brennholz gar nicht. Das für die Herstellung der Pellets verwendete Holz muss zunächst getrocknet werden. Bis die kleinen Kugeln verfügbar sind, ist ein gewisser Aufwand an Energie in nicht ganz billigen Einrichtungen erforderlich.

Der zur Wärmeerzeugung nutzbare Energieinhalt der Pellets beträgt etwa ein Drittel des Energieinhalts von Heizöl. Es muss also die dreifache Menge hergestellt, transportiert und gelagert werden. Das alles schlägt zu Buche, insbesondere aber die erforderliche, spezielle Heiztechnik. Eine Pellets-Heizung ist nur dank staatlicher Förderprogramme und Steuerbegünstigungen zu finanzieren. Das Ganze stellt eine interessante, technische Entwicklung dar, ist aber keine Lösung des Energieproblems.

5. Nutzung der Erdwärme. Geothermie

Dass es umso wärmer wird, je tiefer man in die Erde geht, ist bekannt. Für den Bergbau kann das zum Problem werden. Allgemein rechnet man mit drei Grad Temperaturanstieg je 100 Meter Tiefe. In Vulkangebieten reicht die Erdwärme bis zur

Oberfläche. Dort kann wie z. B. in Island die Erdwärme direkt genutzt werden. An den meisten Stellen der Erde muss man 5.000 bis 6.000 Meter tief gehen. Solche Tiefbohrungen sind eine technische Herausforderung. Aber auch in geringer Tiefe kann die Erdwärme genutzt werden. Und das zu nicht allzu hohen Kosten.

- **Erdwärme aus geringer Tiefe**

Gemeint ist eine Tiefe von ca. 20 Meter. In dieser Tiefe beträgt die Temperatur meist 12 bis 15 °C. Das ist nicht besonders viel, und, abgesehen von besonders günstigen Umständen, ist die Nutzung nicht wirtschaftlich. Es gibt aber eine Besonderheit. In Großstädten beträgt die Temperatur unter den Gebäuden etwa 20 °C. Der Grund dafür ist die beständige Aufheizung durch Abwasser und die Wärmeentwicklung in den U-Bahn-Schächten. Diese Wärme kann zu Heizzwecken benutzt werden.
Die Firma Bilfinger & Berger hat zu diesem Zweck „Energiepfähle" entwickelt. Immer dann, wenn auf einem wenig geeigneten Untergrund Hochhäuser errichtet werden sollen, stellt man diese auf Pfähle, die bis zu 50 Meter Tiefe in den Boden gebohrt werden. Diese können ohne großen Zusatzaufwand mit wasserdurchströmten Kunststoffschläuchen durchzogen werden. Mit diesem System kann nicht nur geheizt, sondern im Sommer auch gekühlt werden.
Bei der Gründung des *Main Tower* in Frankfurt wurden 112 solcher Energiepfähle eingesetzt, die mit einem 80 km langen Schlauchsystem ausgestattet sind. Um das 20 °C warme Wasser auf die zum Heizen nötige Temperatur zu bringen, verwendet man Wärmepumpen. Diese haben jedoch einen schlechten Wirkungsgrad, besonders bei Antrieb durch einen Elektromotor. Erfolgt der Antrieb durch einen Dieselmotor, so kann die Abwärme des Motors ebenfalls zur Heizung verwendet werden.
In Frankfurt gibt es bereits mehr als ein Dutzend Hochhäuser, die diese Art von Wärmegewinnung mit Erfolg nutzen.

Bei Einfamilienhäusern lässt sich Erdwärme durch sogenannte Erdsonden gewinnen. Ob das Verfahren nutzbringend eingesetzt werden kann, hängt ganz von der Beschaffenheit des Untergrundes ab. Daraus ergibt sich auch die Zahl und die Tiefe der Erdsonden, damit sie genug Wärme liefern, um eine 20 kW starke Wärmepumpe zu versorgen. Ganz entscheidend sind die Wärmeleitfähigkeit und die Wärmekapazität des Bodens.

Sehr gute Voraussetzungen bieten grundwasserreiche Regionen. Hier ist es möglich, statt Erdsonden mit geschlossenem Wasserkreislauf ein energetisch günstiges Brunnensystem einzusetzen. Dabei wird das temperierte Wasser an einer Stelle dem Boden entnommen, das nach Durchlauf durch einen Wärmetauscher und Abkühlung einem Schlupfbrunnen zugeführt wird. Derartige Systeme sind in Wasserschutzgebieten nicht erlaubt. Trockene oder wasserundurchlässige Böden sind für die Nutzung der Erdwärme nicht geeignet.

- **Erdwärme aus großer Tiefe**

Erdwärme aus dem Erdinneren steht rund um die Uhr und zu jeder Jahreszeit zur Verfügung. Sie stellt ein praktisch unerschöpfliches Wärmereservoir dar. Doch sind natürliche, leicht zu erschließende Quellen für warmes Wasser oder Dampf selten. Knapp 1 Prozent steuert die Erdwärme zum Energiehaushalt der Welt bei. In Japan und in den USA sind es 0,4 Prozent, in Island 15 Prozent und auf den Philippinen mehr als 20 Prozent. Der Feuergürtel im Pazifik und der Vulkanismus an anderen Stellen der Erdoberfläche schaffen günstige Voraussetzungen.

In Europa wird die Erdwärme in Italien genutzt, aber sonst ist man in Mitteleuropa weniger glücklich dran und muss dafür tief bohren, sehr tief. In 3.000 Meter Tiefe ist es 100 °C warm, bohrt man fünf oder sechs Kilometer tief, kommt man auf 150 oder 180 °C. Das reicht für Heizzwecke, aber kaum zur Erzeugung elektrischer Energie. Auch mit modernster Technik wird da nur ein Wirkungsgrad von 15 Prozent erreicht.

Hinweise auf günstige Stellen zur Nutzung der Erdwärme liefern die Thermalquellen. Die gibt es im ganzen Gebiet von Basel bis Wiesbaden. Thermalwasser führende Schichten, die sogenannten Aquiferen, liegen dort in 2.000 bis 3.000 Meter Tiefe. Diese Reservoirs zu orten und genau zu treffen ist nicht einfach. Aufwändige Probebohrungen kosten erst einmal viel Geld.

In der im Oberrheingraben gelegenen elsässischen Ortschaft Sulz unterm Wald (Soultz sous Forêts), wo das Zentrum der Wärmeanomalie angenommen wird, fließt seit dem Herbst 2005 heißes Wasser aus dem Erdboden. In der als europäisches Gemeinschaftsprojekt errichteten geothermischen Anlage wird in einen zentralen Brunnen unter hohem Druck Wasser eingepresst. Das Wasser erwärmt sich in großer Tiefe und kommt in Nebenbrunnen, den sogenannten Produktionsbrunnen, wieder an die Oberfläche. Die Durchflussmenge liegt bei 15 l/s, die Temperatur beträgt 150 °C.

Man erwartet bei einer Steigerung der Wassermenge auf 50 l/s eine Temperatur von 200 °C zu erreichen. Damit das Thermalwasser nicht verdampft und sich nicht große Mengen von gelöstem Salz abscheiden, ist ein geschlossener Kreislauf vorgesehen. Die Wärme wird über Wärmeaustauscher zu Heizzwecken verwendet. Die Heizleistung soll dort 5,5 bis 6,5 MW betragen. Erst dann soll eine Rentabilitätsstudie erbringen, ob ein weiterer Ausbau auf 25 MW erfolgen soll. Die bereits investierten 50 Millionen Euro sollen dann um weitere 50 Millionen aufgestockt werden.

In Deutschland wird die Nutzung von Erdwärme führenden Schichten bei Landau in der Pfalz und in Hagenbach erwogen.

Grundsätzlich müssen dazu noch einige Fragen geklärt werden: Kann das Thermalwasser in das Grundwasser eindringen und die Trinkwasserversorgung gefährden? Kann diese durch etwa angebohrte Erdöllager in Mitleidenschaft gezogen werden? Was geschieht mit der Bohrung für den Fall, wenn keine Thermalwasser führenden Schichten gefunden werden?

Auf eine Alternative der Nutzung der Erdwärme stießen amerikanische Wissenschaftler bei der Auswertung der unterirdischen Kernwaffentests. Durch die enorm hohe Temperatur und den Druck entstehen im massiven Granitgestein Risse und Spalten. Dadurch wird dieses wasserdurchlässig. Es entstand die Idee, Wasser in die Tiefe zu pumpen und an anderer Stelle wieder nach oben zu fördern. Versuche zeigten, dass dies im Prinzip funktioniert. Das poröse Gestein, das nicht selbst wasserführend ist, dient als Wassererhitzer. Einen Namen hat das Verfahren auch bereits: *hot-fractured rock*.

Ein Projekt dieser Art wird zur Zeit in Basel durchgeführt. Basel liegt in einer Zone geothermischer Anomalie, aber ohne wasserführende Schichten im Untergrund. Im Endzustand sollen aus Erdwärme 6 MW Strom und 17 MW Wärme zur Einspeisung in das Fernwärmenetz gewonnen werden.

Eine erste Bohrung mit der Zielmarke 5.000 Meter wurde niedergebracht. Im Untergrund stieß man im wahrsten Sinne des Wortes auf Granit. In diese Injektionsbohrung wurde Wasser geleitet, um Haarrisse und Klüfte in der Tiefe unter hohem Wasserdruck gleichsam hydraulisch aufzupressen. So soll ein gewaltiger Durchlauferhitzer in dem 200 °C heißen Gestein entstehen. Um die Förderbohrungen gezielt niederzubringen, muss geklärt werden, in welche Richtung sich Risse und Spalten bevorzugt erweitern. Diesem Zweck dienen sechs Horchbohrungen, die in bis zu 2.700 Meter Tiefe getrieben werden, und mit Geophonen bestückt sind. Sie sollen den Ausgangspunkt der Erschütterungen während der Rissbildung erfassen und die Lage der wasserdurchlässigen Klüfte erkennen. Erst dann werden gezielt Förderbohrungen gesetzt, etwa 500 bis 1.000 Meter neben der Injektionsbohrung.

Erst wenn sichergestellt ist, dass und ob an welcher Stelle genügend erhitztes Wasser erwartet werden kann, soll mit dem Kraftwerksbau begonnen werden. Soweit die Planung.

Doch hatte dieses Vorgehen unerwartete Effekte. Die Rissbildung war so heftig, dass sich im Dezember 2006 ein Erdbeben mit der Stärke 3 ereignete. Obwohl die Einleitung von Wasser sofort gestoppt wurde, ereigneten sich Anfang 2007 weitere Erdstöße. Fachleute versicherten, dass auch weitere mögliche Erdbeben nie die Stärke des Bebens von 1356 erreichen werden, das damals die ganze Stadt Basel in Trümmer legte. Die Baseler sind seither argwöhnisch geblieben.

Eine Akzeptanz und Wiederaufnahme der Arbeiten scheint ausgeschlossen. Die ganzen Zukunftsprogramme über die Versorgung der Stadt mit Strom und Wärme wurden erst einmal zu den Akten gelegt. Betroffen sind auch einige Projekte in Deutschland, im Oberrheingraben.

Dagegen hat es bei Nutzung der Thermalwasser führenden Schichten noch nie Probleme gegeben.

6. Aufwindenergie

Eine etwas exotisch anmutende Kombination von Solar- und Windkraftwerk stellt das Aufwindkraftwerk dar. Die Idee ist, den Zug eines Schornsteins zu Energieerzeugung zu nutzen. Wenn nur der Kamin genügend hoch und die Temperaturdifferenz zwischen unten und oben genügend groß ist und am oberen Ende eine Luftbewegung herrscht, sollte sich die Luftströmung im Kamin nutzen lassen. Weil die Energiedichte bewegter Luft nicht besonders groß ist, versprechen nur Anlagen mit gewaltigen Dimensionen Erfolg.

Das Herzstück des Aufwindkraftwerks ist ein riesiger, zylindrischer Kamin, z. B. mit 1.000 Meter Höhe und 25 Meter Durchmesser. Die warme Luft wird in einer Art Gewächshaus erzeugt, bestehend aus einem flachen, mit Glas bedeckten Bauwerk („Kollektor"), dessen Bodenfläche mit einer schwarzen Folie bedeckt ist. In der Mitte des Kollektorgebäudes befindet sich der Aufwindkamin. Im unteren Bereich des Kamins sind Kaplanturbinen installiert, die durch die Luftströmung angetrieben werden. Eine Kaplanturbine arbeitet nach dem gleichen Prinzip wie das Rad einer Weihnachtspyramide, das durch die von den Kerzen aufsteigende erwärmte Luft in Drehung versetzt wird. Einen zusätzlichen Nutzeffekt verspricht man sich von einer Bedeckung des Bodens mit einem wassergefüllten Schlauchsystem. Darin kann Wärme gespeichert werden, so dass die bei Solarkraftwerken immer wieder beklagte mittägliche Leistungsspitze gekappt und in eine über 24 Stunden verlaufende Leistungsgerade umgewandelt wird. Damit könnte ein Aufwindkraftwerk auch für Betreiber konventioneller Kraftwerke interessant werden.

Dass bisher noch kein kommerzielles Aufwindkraftwerk gebaut wurde, liegt an den hohen Anlaufkosten. Es fehlen gesicherte Kalkulationsgrundlagen, die stark von den angenommenen Randbedingungen abhängen. Die Standsicherheit eines 1.000 Meter hohen Kamins, auch bei zu erwartenden Stürmen, kann zwar gewährleistet werden. Doch die Fundamentierung kann kostspielig werden und hängt vom Untergrund ab.

Es ist vorgesehen, die Röhre innen durch Speichen zu verstärken und die Standsicherheit durch Spannseile zu gewährleisten. Nach den verfügbaren Angaben soll mit einem 1.000 Meter hohen Kamin ein Leistungspotenzial von 200 MW erreicht werden. Wegen der physikalischen Gegebenheiten erscheint allerdings diese Angabe als zu optimistisch. Bevor nicht eine Pilotanlage in der nötigen Größe erstellt ist, kann hierüber kein Urteil abgegeben werden.

7. Methanhydrate

Methanhydrate, ein riesiger Energiespeicher im Meer, ergänzen die Reihe der fossilen Energieträger wie Kohle, Erdöl und Erdgas. Sie kommen in der Diskussion über die Reichweite kaum vor und bedürfen der Erforschung. Sie sind unter den Meeressedimenten auf den Kontinentalschelfen verborgen. Man vermutet, dass diese Gashydratschichten mehr als 10 Billionen Tonnen Kohlenstoff enthalten, etwa doppelt so viel wie alle bekannten fossilen Lagerstätten zusammen. Amerikanische Meeresgeologen, die sich intensiv mit der Erforschung befassen, sind der Meinung, dass allein der Blake-Rücken im Atlantik vor der Küste South Carolinas 35 Milliarden Tonnen Kohlenstoff enthalten könnte.

Bei den Gashydraten handelt es sich um eine besondere Klasse der sogenannten Clathrate, Einschlussverbindungen, bei denen Kohlenwasserstoffmoleküle in das Kristallgitter von Eis eingebunden sind. Sie entstehen bei hohem Druck oder niedrigen Temperaturen. Meist sind Methanmoleküle gebunden, es können aber auch andere Kohlenwasserstoffe sein, etwa Pentan. Gashydrate sind Festkörper mit großer Ähnlichkeit zu normalem Eis. Sie bestehen zu 80 Prozent aus Wassermolekülen. Der Rest ist Methan. Ein Kubikmeter davon würde bei Normaldruck und Raumtemperatur ein Volumen von 164 Kubikmeter Methan abgeben.

Lagerstätten von Gashydraten kommen in zwei Regionen der Erde vor. Auf dem Festland sind das die Permafrostgebiete, wo Erdgas in Eis eingeschlossen ist. Die größten Vorkommen gibt es in den Schelfmeeren in Wassertiefen von mehr als 300

Meter. Dort ist der Wasserdruck so groß, dass eisartige Gashydrate auch oberhalb des Gefrierpunktes entstehen können. Das Methan stammt dabei entweder aus tiefer liegenden Erdgaslagerstätten, oder es entsteht aus Zersetzungsprozessen organischer Stoffe in jungen Sedimenten.

Wegen der kristallinen Struktur ist die Schicht aus Gashydraten im Vergleich zu den anderen Sedimenten sehr fest. Bei seismischen Messungen ist sie deutlich auszumachen. Dadurch sind viele marine Lagerstätten bekannt geworden. Im Nordatlantik findet man sie bei Grönland und bei Spitzbergen sowie vor Mittelnorwegen.

Die Hydratlagerstätte am Bake-Rücken ist die bekannteste und bestuntersuchte. Dort wurden Bohrungen durchgeführt und Gesteinsproben untersucht. Die Bohrlöcher lagen in einer Wassertiefe von 2.800 Meter. Die Hydratschicht begann etwa 200 Meter unterhalb des Meeresbodens und erstreckte sich bis 450 Meter Tiefe. Der Druck beträgt dort mehr als 300 Atmosphären. Der festgestellte Methangehalt ergibt auf die 25.000 km² große Lagerstätte umgerechnet einen Kohlenstoffgehalt in der Größenordnung von 35 Milliarden Tonnen.

Doch ob das gefrorene Gas jemals abgebaut werden kann, ist völlig offen. Es wäre eine neue Quelle fossiler Rohstoffe.

Es muss aber auch auf eine andere Betrachtungsweise hingewiesen werden. Allein in den bisher bekannten Gashydratvorkommen ist die 3.000fache Menge von Methan gebunden als sich jetzt in der Atmosphäre befindet. Würde die Freisetzung des Gases erfolgen, könnte es wegen des Treibhauseffektes einen erheblichen Einfluss auf das Klima der Erde haben.

12

Energie der Zukunft –
ist ITER der Weg?

Im geplanten Forschungsreaktor ITER wird Energie aus der Umwandlung von Wasserstoff in Helium gewonnen. Die technischen Schwierigkeiten sind enorm. In der Versuchsanlage in Cadarache plant man in etwa 40 Jahren zu einer Lösung des Problems zu gelangen.

ITER, lateinisch *der gangbare Weg*, ist die programmatische Bezeichnung für ein Forschungsprojekt, das die Energieprobleme endgültig lösen soll. Offiziell heißt es *International Thermonuclear Experimental Reactor*. Es sieht vor, die gleichen physikalischen Vorgänge zu nutzen, die die Energie der Sonne liefern: Umwandlung von Wasserstoff in Helium.

Die Idee ist so alt wie die Atomphysik, aber die zu erwartenden Schwierigkeiten so groß, dass nur in weltweiter Zusammenarbeit eine Lösung erwartet werden kann. Am Projekt beteiligt sind die Europäische Union, die Vereinigten Staaten, Russland, China, Japan, Indien und Südafrika.

Die Kosten für die erste Stufe werden mit 10 Milliarden Euro angenommen. Die erste Stufe besteht darin, einen Forschungsreaktor zu bauen. Er soll im südfranzösischen Ort Cadarache auf einem 1.600 ha großen Gelände entstehen. Deutschland wird sich daran mit einem Kostenanteil von 460 Millionen Euro beteiligen. Die Forschungszentren in Jülich, Karlsruhe und Greifswald werden mitarbeiten.

Im Forschungsreaktor soll die kontrollierte Verschmelzung von Wasserstoffatomen erfolgen. Erste Versuche dazu liefen in den Vereinigten Staaten, Großbritannien und der Sowjetunion. Sie blieben wegen der möglichen militärischen Nutzung bis 1958 geheim.

Zu dieser Zeit beschäftigte man sich auch in Deutschland mit Fragen der Kernfusion. 1960 entstand in Garching bei München das Max-Planck-Institut für Plasmaphysik, das durch seine wegweisenden Versuche zur Fusionsforschung weltweit Anerkennung gefunden hat.

Die Energie aus der Fusion, also der Verschmelzung zweier Atome zu einem neuen Atom, rührt daher, dass das neu entstandene Atom eine etwas geringere Masse aufweist als die Summe der Massen der ursprünglichen Atome. Dieser „Massendefekt" liefert die Energie gemäß der Einsteinschen Formel $E = m \cdot c^2$. Trotz des geringen Massendefekts sind damit riesige Energiemengen zu erzeugen.

Zur Verschmelzung muss die Elektronenhülle der betreffenden Atome entfernt werden, es muss mit dem sogenannten Plasma gearbeitet werden. Ist das Plasma dabei heiß genug, können die positiv geladenen Protonen der Atomkerne ihre gegenseitige Abstoßung überwinden, wodurch die Vereinigung, also die Fusion, möglich wird. Im Inneren der Sonne geschieht das bei einer Temperatur von 15 Millionen Grad. Wegen des enormen Drucks im Inneren ist die Temperatur relativ niedrig.

In einem Forschungsreaktor, in dem die Atome nicht durch Druck, sondern mit einem starken Magnetfeld zusammengehalten werden, ist eine Temperatur von rund 100 Millionen Grad erforderlich. Die Teilchendichte beträgt dann 10^{14} Atomkerne pro cm³.

In einem Fusionsreaktor wird in einem reifenförmigen Behälter, dem sogenannten Torus, das Plasma durch ein Magnetfeld von einer Reihe von Spulen zusammengehalten. Das Plasma darf die Wand des Torus nicht berühren, denn dann würde der Prozess sofort gestoppt. Es kommt wesentlich auf die Gestaltung der Magnetspulen an, die in einem aufwändigen Computerprogramm berechnet werden müssen. Ein zusätzliches Magnetfeld wird durch den Strom erzeugt, der im Plasma selbst fließt und gleichzeitig zur Heizung dient. Die bisher in aller Welt durchgeführten Vorversuche zeigen, dass die Schwierigkeiten gewaltig sind. Ein stabiles Plasma, auch über sehr kurze Zeit, konnte bisher nicht erreicht werden.

Wegen dieser Ergebnisse ist ein sehr großzügiger Zeitplan erstellt worden. Bis 2015 soll der Forschungsreaktor in Frankreich fertig sein. Etwa 20 Jahre schätzt man für die Durchführung der notwendigen Experimente. 2035 ist der Bau eines Prototyps vorgesehen, und 2050 soll der endgültige Reaktor erstellt werden. Nach den bisherigen Erfahrungen ist allerdings damit zu rechnen, dass der Zeitplan gestreckt werden muss. Bei solchen weltumspannenden, internationalen Projekten gibt es immer wieder Kompetenzprobleme, Querelen, man muss sich einig werden, wie die Ergebnisse zu bewerten sind, wie weiter vorgegangen werden soll, und schließlich fehlt es erfahrungsgemäß immer an Geld.

Obwohl man noch einige Jahrzehnte wird zugeben müssen, hatte der Hochschulrektor dennoch recht: Unsere wissenschaftlichen Institute hätten ihren Zweck verfehlt, wenn sie nicht neue Energiequellen erschließen würden. Die für das

Projekt vorgesehenen 600 Wissenschaftler, Ingenieure und Techniker werden sicher die nötigen Fortschritte erzielen. Ein besonderer Schwerpunkt ist die Materialforschung, um die Probleme bei der extrem hohen Temperaturbelastung zu beherrschen.

Im Inneren der Sonne werden unter hoher Temperatur und unter unvorstellbar hohem Druck normale Wasserstoffatome zu Helium verschmolzen. Die Druckverhältnisse sind auf der Erde nicht erreichbar. Aus diesem Grund hat man sich die Aufgabe etwas erleichtert und geht von zwei Wasserstoffisotopen aus, dem Deuterium und dem Tritium. Vereinfachend ausgedrückt sind diese Stoffe dem Helium etwas ähnlicher.

Das Wasserstoffisotop Deuterium ist im Meerwasser im Verhältnis 1 zu 5.000 als schweres Wasser vorhanden, also praktisch unerschöpflich. Es lässt sich durch Elektrolyse anreichern.

Tritium wird durch Neutronenbeschuss von Lithium erzeugt.

Lithium ist in ausreichender Menge als Mineral über die ganze Erde verteilt.

Bei dem Verschmelzungsprozess von Deuterium und Lithium entstehen außer Helium auch Neutronen. Sie geben als die eigentlichen Träger der Energie diese an die Kacheln der Kammerwand ab.

Die Wissenschaftler, die an diesem Riesenprojekt arbeiten, haben eine ganze Reihe von Aufgaben, für die noch keine Lösung in Sicht ist. Das Plasma ist instabil, der Schwerpunkt der Forschung liegt darin, es in einem magnetischen Feld dauerhaft einzuschließen. Ein weiteres Problem besteht in der Tatsache, dass die Anschubenergie zur Erreichung der Reaktionstemperatur noch größer ist als die erzeugte Energie.

Der Fusionsprozess ist kein radioaktiver, sondern ein rein physikalischer Prozess. Da aber auch hierbei Neutronen frei werden, entstehen radioaktive Folgeprodukte. Diese haben weder in der Stärke noch in der Halbwertszeit eine Ähnlichkeit mit dem Abfall der Kernkraftwerke. Nach hundert Jahren ist das meiste abgeklungen. Schwierigkeiten mit einer Endlagerung gibt es nicht.

Ist also ITER der gangbare Weg?

Auf jeden Fall ist er ein sehr steiniger.

13

Energiewende –
Wer spricht von Machbarkeit
und Kosten?

Bei einer genauen Analyse erweist sich die von der Regierung beschlossene Energiewende mit dem Ersatz konventioneller Kraftwerke durch Nutzung erneuerbarer Energien als nicht durchführbar. Die Kosten würden jedes Maß überschreiten.

Wir sprechen davon.

Die Energiewende ist beschlossen: Das Ende der Stromerzeugung durch Kernkraft bis zum Jahr 2022, Ersatz durch die erneuerbaren Energien, das sind Windkraft, Solarenergie und Biomasse.

Ist das überhaupt realistisch? Was kostet das alles? Die Antwort lautet nur: Umsonst ist das nicht zu haben. Hier wird etwas bestellt, von dem man nicht weiß, ob es lieferbar ist und was es kostet. Die Rechnung kommt aber bestimmt, und sie wird hoch sein. Die dann amtierende Regierung kann zusehen, wie sie damit zurechtkommt.

Die erste Frage ist: Welche der erneuerbaren Energien hat die beste Chance, den durch den Wegfall der Kernkraft fehlenden Strom zu ersetzen?

Heute liefert die Kernkraft im Jahr 142 Milliarden kWh (TWh), das sind 24 % des Gesamtbedarfs. Bei einem Bedarfszuwachs von 0,7 % pro Jahr werden in elf Jahren 154 TWh Strom zu ersetzen sein.

Durch die erneuerbaren Energien wurden in Deutschland im Jahr 2010 16,9 % des Strombedarfs gedeckt. Die Windkraft lieferte 11,9 %, Solarenergie 1,8 %, Biomasse 3,2 %. Gesamtleistung 105 TWh Strom. Die Windkraft lieferte den größten Anteil mit 74 TWh.

Um die Größenordnung des Vorhabens abzuschätzen, genügt eine detaillierte Analyse der Windkraft. Nach Ausfall der Stromlieferung durch Kernkraft in 2022 müssen 17.500 MW Leistung bereitgestellt werden. Gemeint ist die tatsächlich erbrachte Leistung, nicht die installierte Leistung. Während man bei Kernkraft mit 90 bis 95 % der installierten Leistung rechnen kann, liegt bei Windkraft dieser Wert im Durchschnitt in Deutschland bei 20 %, in windschwachen Gebieten wie z. B. in Baden-Württemberg bei 15,5 %. Wie viel Windräder werden also benötigt? Was ist sonst noch erforderlich?

Das Ergebnis wird erschreckend sein. Man muss dazu etwas rechnen, aber es sind nur Multiplikationen und Divisionen erforderlich, für jeden nachvollziehbar.

Nimmt man die installierte Leistung eines Windrades mit 1.000 kW (1 MW) an, so benötigt man noch 87.500 Windräder zu den bereits bestehenden 22.000 Windrädern. Bei Verhältnissen wie in Süddeutschland wären es sogar 113.000. Da auch zum Teil leistungsschwächere Windräder installiert werden, ist ein Schätzwert von 140.000 neu zu erstellenden Windrädern nicht ganz unrealistisch. Eine Horrorvision. Der Flächenbedarf ist gewaltig. Auf die Fläche des größten deutschen Bundeslandes, des Freistaates Bayern, würden dann auf jeden Quadratkilometer zwei Windräder entfallen.

Für 1 Watt installierte Windleistung rechnet man heute mit 1 Euro Kosten. 17.500 MW zu ersetzende, erbrachte Leistung erfordern das 5fache, also 87.500 MW installierte Leistung. Kosten dafür: 87.500 Millionen Euro, das sind 87,5 Milliarden Euro. Kommentar: Nicht bezahlbar.

Aber das ist längst nicht alles. Es muss dafür gesorgt sein, dass immer, auch in windarmen Zeiten oder bei Windstille, Strom zur Verfügung steht. Zur Windkraft braucht man nicht nur Windräder, sondern auch Wind, und zwar in der richtigen Stärke und Richtung, und das möglichst gleichmäßig.

Einen Stromausfall kann sich ein hochindustrielles Land wie Deutschland nicht leisten. Die Industrie braucht eine zuverlässige, ununterbrochene Stromversorgung. Ein Produktionsprozess kann nicht beliebig unterbrochen und wieder angefahren werden. Im Operationssaal im Krankenhaus kann kein Stromausfall akzeptiert werden. Im Haushalt kann man bei Stromausfall eine Kerze anzünden. Aber ein Ausfall der Ampelanlage in einer Großstadt würde das reine Chaos bedeuten. Im Supermarkt würde das Licht ausgehen, die Klimatisierung und die elektronischen Kassen würden versagen. U-Bahn und ICE würden im dunklen Tunnel stecken bleiben, der Fahrplan käme komplett durcheinander. Und wer einmal stundenlang im Lift in einem Hochhaus stecken geblieben ist, wird wohl kaum noch ein Befürworter der erneuerbaren Energie sein.

Strom muss entstehen, wenn er gebraucht wird, und muss gebraucht werden, wenn er entsteht. Es gibt keine direkten Speicher für Elektrizität. Man muss den Umweg über die Speicherung von potentieller oder chemischer Energie machen. Zur

Speicherung potentieller Energie kommen Pumpspeicherwerke in Betracht.

Die Funktion eines solchen Kraftwerks wurde in Kapitel 10 beschrieben. Es dient zur Aufnahme der Energie des von der Windkraft in windstarken Zeiten gelieferten Stroms. Umgekehrt wird daraus Energie für elektrischen Strom bei Flaute oder kompletter Windstille gewonnen. Da niemand ausschließen kann, dass einmal zwischen Flensburg und Oberstdorf kein Wind weht, muss die Leistung der Speicherkraftwerke der Leistung aller Windräder, also der der jetzigen Kernkraftwerke entsprechen. Das sind 17.500 Megawatt. Das Walchensee-Wasserkraftwerk hat eine Leistung von 37 Megawatt. Also braucht man eine Pumpspeicherleistung von 473 Walchenseekraftwerken. Das ist etwa das 70fache der jetzt vorhandenen Leistung der Pumpspeicherwerke. Die Zahlen zeigen, dass es so gut wie aussichtslos ist, den Speicherbedarf für Energie durch Pumpspeicherwerke zu decken.

Die Speicherseen brauchen auch ein bestimmtes Mindestvolumen für das zu speichernde Wasser. Niemand kann vorhersagen, wie lange eine Windstille dauern wird. Der Speichersee darf nie leer werden.

Als Standort für Pumpspeicherwerke kommen in Deutschland die Mittelgebirge in Betracht. Dort gibt es die nötigen Höhenunterschiede von einigen hundert Metern, aber nicht immer die nötigen Flächen für Ober- und Unterseen.

Beispielhaft für Pumpspeicher-Kraftwerke ist die Anlage im Bereich des Edersees. Der Edersee selbst ist eine Talsperre, kein Pumpspeicherwerk. Aber er liefert das Wasser für die nahegelegenen Pumpspeicherwerke Waldeck 1, Hemfurth und Waldeck 2. Dieses ist die größte Pumpspeicheranlage Deutschlands, die noch um Waldeck 2A erweitert wird.

Das Wasser des Oberbeckens von Waldeck 1 stürzt durch zwei Druckrohre von je 2 m Durchmesser zu den um 300 m tiefer gelegenen vier Maschinensätzen des Kraftwerks am Unterbecken. Die maximale Leistung beträgt 140.000 Kilowatt. Unmittelbar am Fuß der Talsperre des Edersees liegt das Pumpspeicherwerk Hemfurth mit einer Leistung von 12.500 Kilowatt. Das größte Kraftwerk im Bereich des Edersees ist Waldeck 2. Sein Fassungsvermögen beträgt 4,6 Millionen Kubikmeter Wasser, der Höhenunterschied zum Kraftwerk 329 m, die Leistung 440.000 Kilowatt.

Die Gesamtleistung der drei Speicherkraftwerke mit 592.000 Kilowatt, also 592 Megawatt, entspricht der Hälfte der Leistung eines Kernkraftwerkes. Sie soll durch Vergrößerung des Oberbeckens von Waldeck 2 in fünf Jahren um 300.000 Kilowatt auf insgesamt 892.000 Kilowatt erhöht werden. Veranschlagte Kosten für den Ausbau: 300 Millionen Euro. Der Baubeginn der gesamten Anlage war im Jahr 1928.

Es wird mit Sicherheit neue Pumpspeicher-Kraftwerke geben. Um aber den Ausfall der Stromerzeugung durch Windkraft bei Windstille zu kompensieren, wären 17 derartige Anlagen nötig. Die Kosten dafür sind kaum abschätzbar, sie liegen mindestens im Bereich von 50 Milliarden Euro. Die Kosten dafür sowie für Betrieb und Wartung müssen betriebswirtschaftlich den Stromkosten hinzugerechnet werden. Da die Kraftwerke nicht dauernd, sondern nur intermittierend, in Betrieb sind, sind diese höher als bei anderen Wasserkraftwerken. Es ist mit dem 4- bis 5fachen für den zurückgewonnenen Strom zu rechnen.

Eine andere Speichermöglichkeit für Energie bietet die Wasserstoff-Technologie. Die Idee ist, durch Elektrolyse Wasser in Wasserstoff und Sauerstoff aufzuspalten und den Wasserstoff zu lagern. Dieser kann dann bei Bedarf wieder Energie liefern. In Kapitel 7 wird darüber ausführlich berichtet.

Erwähnt wurde auch, dass der erzeugte Wasserstoff nur 65 % der Energie des aufgewendeten Stroms enthält.

Wasserstoff ist ein nicht leicht zu handhabendes Gas. Ein unterirdischer Gasspeicher, der für Erdgas geeignet ist, ist nicht unbedingt auch für die Aufnahme von Wasserstoff geeignet. Wasserstoffgas dringt durch die feinsten Poren.

Es gibt daher Überlegungen, Wasserstoff durch katalytische Reaktion mit Kohlendioxid in Methan zu verwandeln. Großtechnische Anlagen dieser Art sind möglich. Das so erzeugte Methan enthält dann noch 45 % der anfangs vorhandenen elektrischen Energie. Methan ist als Hauptbestandteil im Erdgas enthalten. Also ist es möglich, das aus Wasserstoff erzeugte synthetische Methan direkt in das Erdgasnetz einzuleiten. Damit wird zwar nicht der Zweck der Speicherung erfüllt, aber man hätte wenigstens eine Verwendung für die anfallende überschüssige Windenergie. Alle dazu nötigen umfangreichen Einrichtungen, die die Größe einer chemischen Fabrik annehmen, sind allerdings nur zeitweise in Betrieb und daher unwirtschaftlich.

Unterirdische Gasspeicher oder oberirdische Gasometer mit dem erforderlichen Volumen sind nicht realisierbar. Eine Kostenabschätzung erübrigt sich. Die fundamentale Frage, auf welche Weise der Fehlbedarf an elektrischer Energie nach dem Abschalten der Kernkraftwerke bei Ausfall der Windkraft gedeckt werden kann, bleibt unbeantwortet.

Eine erhebliche Ausweitung der Nutzung der Biomasse, also der Energie vom Acker, unter dem Stichwort „Die Bauern sind die Ölscheichs der Zukunft" wird auf Ablehnung stoßen. „Bios" heißt auf deutsch „Leben", und Energie aus Lebensmitteln zu erzeugen, wo jährlich 50 Millionen Menschen verhungern, ist ethisch nicht zu verantworten. Im christlichen Sprachgebrauch heißt das Sünde. Lebensmittel werden zwangsläufig teurer.

Interessant ist die Feststellung, dass es im Ausland zu der Frage, woher in Deutschland der Strom kommen soll, sehr wohl Überlegungen gibt. Russland plant, in der Nähe von Königsberg zwei neue Kernreaktoren zu bauen, die nicht nur den Strombedarf von Nord-Ostpreußen decken sollen. Dafür wären sie überdimensioniert. Sie sollen auch Strom nach Westeuropa liefern. Dass damit nicht Frankreich, sondern nur Deutschland gemeint sein kann, liegt auf der Hand. Frankreich und Tschechien liefern jetzt schon nach dem Abschalten von zwei Reaktoren in Baden-Württemberg Strom nach Süddeutschland.

Wie kann es in Deutschland weitergehen? Es sind neue Kohle- und Gaskraftwerke geplant. Kohle und Gas werden dafür importiert. Moderne Kohlekraftwerke weisen einen Wirkungsgrad zwischen 50 und 60 % auf, ein Gaskraftwerk mit angeschlossenem Dampfkraftwerk kommt sogar auf über 60 %. Die Bauzeit einschließlich der Planung beträgt 10 Jahre, die Kosten summieren sich auf einen zweistelligen Milliardenbetrag bei gleichzeitiger, gewaltiger Kapitalvernichtung durch Abschalten und Abbau der voll betriebsfähigen Kernkraftwerke. Ein nicht zu überbietender Unsinn.

Die Energiewende, so wie sie uns von unseren Politkern präsentiert wird, kann nicht stattfinden. Vernunft und Sachverstand werden eines Tages wieder die Oberhand gewinnen. Es wird eine neue Energiewende geben, hin zu leistungsfähigen Kernreaktoren auf der Basis des Thorium-Hochtemperaturreaktors. Hoffentlich bald, ehe es zu spät ist!

14

Das Urteil

Zu jedem Urteilsspruch gehören Gesetze. Was den Umgang mit Energie und die Energieprobleme betrifft, so heißen diese:

1. Gesetz der Verfügbarkeit

2. Gesetz der Wirtschaftlichkeit

3. Gesetz der Natur

4. Gesetz der Umwelt

1. Verfügbarkeit

Bei der Energiepolitik geht es nicht nur darum, der heute lebenden Bevölkerung den Energiebedarf sicherzustellen, sie muss vorausschauend sein. Die fossilen Energieträger nehmen ab, die Bevölkerung nimmt zu, und der Energieumsatz pro Kopf nimmt ebenfalls zu. Das ist unsere Situation. Die Entwicklung läuft auf einen Punkt zu, in dem beides nicht mehr zusammenpasst. Es führt kein Weg daran vorbei, neue Energiequellen zu erschließen. Energie sparen ist nötig und richtig, aber es reicht nicht. Länder, die Energierohstoffe besitzen, haben noch eine Frist, aber auch die wird eines nicht allzu fernen Tages ablaufen.

Günstig ist die Situation bei Ländern mit Kohlevorräten. Sie werden diese noch über Generationen nutzen und Gewinn daraus ziehen. Deutschland gehört nicht dazu. Unser Land wird in verstärktem Maß Kohle einführen müssen, auch um daraus durch Hydrierung Benzin zu erzeugen. Flächen für Biokraftstoffe stehen eines Tages nicht mehr zur Verfügung, Lebensmittel sind gefragt.

An erster Stelle muss die Erforschung neuer, bedarfsgerecht verfügbarer Energiequellen stehen. Mit der Krücke Wind- und Solarenergie kann keine Industriegesellschaft laufen. Machen wir uns doch nichts vor: Sie reichen mengenmäßig nicht und sind nicht immer vorhanden, wenn man sie braucht.

Das riesige Energiepotenzial der Methanhydrate wird heute erst ansatzweise genutzt. Dazu kommt jedoch, dass es sie leider in unserem Land nicht gibt.

Wenn ITER der gangbare Weg ist und die Kernfusion gelingt, steht ein unerschöpflicher, stets abrufbereiter Vorrat an Energie zur Verfügung.

Was bei uns verfügbar ist, ist die Kernkraft aus der Kernspaltung von Uran, und womöglich eines Tages aus Thorium. Lagerstätten der Energierohstoffe gibt es noch, wenn auch nur für einen begrenzten Zeitraum.

2. Wirtschaftlichkeit

Der Wert einer Ware bemisst sich nach Angebot und Nachfrage - nach sonst nichts. Dieses ökonomische Gesetz gilt auch für Energie.

Eine Planwirtschaft kann sich zwar eine Zeit lang über das Gesetz hinwegsetzen, aber sie wird Schiffbruch erleiden. Das werden unsere Politiker erleben, die den Preis für Wind- und Solarstrom künstlich festsetzen. Je eher das Ende kommt, umso besser. Beispiele für das Versagen der Planwirtschaft gibt es zu Genüge.

Denn eine Volkswirtschaft ist ein sehr kompliziertes System, da greift ein Rad in das andere, und wenn man willkürlich etwas verändert, funktioniert an anderer Stelle etwas nicht mehr, an das man gar nicht gedacht hat.

Strom muss bezahlbar sein für Industrie und für Privathaushalte. Da wird gesagt: Was macht das schon aus, wenn eine Familie für die Stromrechnung pro Monat 4,50 Euro mehr bezahlen muss, weil der Strom durch das Energieeinspeisungsgesetz teurer wird! Dafür ist das auch *sauberer* Strom, heißt es. Aber ist es nicht so, dass der Supermarkt die Preise zwangsläufig anheben muss, weil die Klimatisierung teurer wird, die Stadt die Gebühren erhöht, weil die Kosten für die Straßenbeleuchtung steigen, und die Bahn die Fahrpreise erhöhen muss? Es bleibt nicht bei 4,50 Euro pro Monat, und da man das Geld nur einmal ausgeben kann, wird auf manchen Einkauf verzichtet werden müssen.

Die Industrie wird ihre Fertigungsstandorte dorthin verlegen, wo Stromkosten und Lohnkosten niedrig sind. Bei uns entsteht Arbeitslosigkeit, es gibt weniger Steuereinnahmen und mehr Sozialkosten. Das geschieht zwangsläufig, die Wirtschaft ist ein kompliziertes Gebilde. Den Fehler haben die Politiker mit ihren planwirtschaftlichen Vorgaben begangen.

3. Naturgesetzlichkeit

Niemand kann sich über Naturgesetze hinwegsetzen. Sie gelten absolut. Damit man sie berücksichtigen und nutzen kann, muss man sie kennen. Das ist oft schwierig, sie sind schwer verständlich, und je tiefer man nachforscht, umso komplizierter werden sie. Es gibt aber auch einfachere naturgesetzliche Zusammenhänge, die missachtet werden.

Auf die Bedeutung des Wirkungsgrades bei Energieumwandlung wurde mehrfach hingewiesen. Jede Energieumwandlung erzeugt Wärme, und je schlechter der Wirkungsgrad ist, umso mehr Wärme entsteht.

Bei jeder Energieumwandlung und bei jeder Energiegewinnung muss das Gesamtsystem berücksichtigt werden. Greift man an einer Stelle ein, so kann das unerwartete Folgen an einer anderen Stelle haben. Das hat sich z. B. gezeigt, als es beim Versuch, Erdwärme zu nutzen, Erdbeben gegeben hat.

Was ferner den Wärmehaushalt der Erdoberfläche betrifft, so ist Energiesparen angesagt. Könnte man nicht auf Golfplätze in arabischen Wüstenregionen verzichten, wo das Wasser zur Bewässerung des Rasens durch Destillation von Meerwasser erzeugt wird, oder auf Eissporthallen in Tropenländern? Dafür sind die Energievorräte nicht nur zu teuer, sie tragen auch naturgesetzlich zur Erderwärmung bei.

4. Umweltverträglichkeit

Keine Frage: Unsere Umwelt muss geschützt werden. Jeder Eingriff hat Folgen. Umweltschutz darin zu sehen, den Ausstoß von Kohlendioxid zu vermeiden, führt allerdings in die Irre. CO_2 ist kein Gift für das Klima, es trägt kaum messbar zur Erderwärmung bei, ist aber für die Ernährung der Weltbevölkerung unabdingbar.

Je mehr Menschen es gibt, umso mehr Lebensmittel werden gebraucht. Mehr Pflanzen benötigen für das Wachstum ein höheres Angebot von Kohlendioxid.
Dass menschliche Aktivitäten auf den Kohlendioxidgehalt der Atmosphäre praktisch keinen Einfluss haben, darauf wurde mehrfach hingewiesen. Dafür ist die erzeugte Menge im Vergleich zur Gesamtmenge viel zu gering.

Das Klima auf der Erde wird durch die Sonne bestimmt. Sie strahlt mehr als das 10.000fache von dem ein, was von der gesamten Weltbevölkerung an Energie umgesetzt wird. Würde es keine Menschen geben, dann würde sich die Energiebilanz der Erdtemperatur nur um etwa ein Zehntausendstel ändern.

Auch diese Überlegung zeigt, dass Menschen kaum einen Einfluss auf die Erdtemperatur haben. Das könnte sich aber ändern bei der zu erwartenden Vervielfachung der Bevölkerung und einer Zunahme des Energieverbrauchs pro Kopf.

Zum Energiesparen gehört mehr als nur das Verbot von Glühbirnen. Unsere Politiker sollten sich lieber mit den Fragen befassen:

- Wie könnte man die zunehmende Erderwärmung nutzen?
- Wie könnte man mehr Flächen auf unserer begrenzten Erde der Landwirtschaft zuführen?
- Was könnte man tun, damit die höhere Luftfeuchtigkeit nicht schadet, sondern nützt?
- Wie reagiert man, wenn die Gletscher weggeschmolzen sind und die Alpenflüsse weniger Wasser zur Energieerzeugung liefern? Die Liste ließe sich fortsetzen. Das alles sind Fragen, die im Zusammenhang mit der Umwelt stehen.

5. Schlussfolgerung

Sparsamer Umgang mit Energie ist notwendig und richtig. Was damit erreicht werden kann, genügt bei weitem nicht zur Sicherung des Energiebedarfs in der Zukunft. Heute stehen als Energiequellen die fossilen Energieträger zur Verfügung, wobei Kohle noch über längere Zeit genutzt werden kann. Daneben ist die Kernkraft unerlässlich. Von der Vorstellung, das Problem mit Wind- und Solarkraft zu lösen, sollte man sich verabschieden, je eher desto besser. Mit der ständigen Propagierung wird der Blick auf die Realitäten verstellt.

Die am Anfang genannten Überlebensfragen

- Können die Menschen in Zukunft ernährt und gekleidet werden?

- Werden sie Wohnraum und Arbeitsplätze haben?

werden verdrängt und nicht beantwortet.

Der Schlüssel zum Leben und Überleben künftiger Generationen liegt in der Verfügbarkeit von Energie. Die Zeit drängt. Die heute Lebenden tragen dafür die Verantwortung.

Das Urteil kann nur lauten:

Die heute Verantwortlichen, die die diesbezüglichen physikalischen Gesetzmäßigkeiten missachten, sind mitschuldig an den Problemen künftiger Generationen. Es fehlt die Einsicht in die Zusammenhänge.

Abbildungsnachweis

Abb. 1: Temperatur und CO_2-Gehalt in den letzten 400.000 Jahren
(ermittelt aus Eiskernen)
FAZ, 30.11.05 (Kaiser)

Abb. 2: Abschmelzende Gletscher in Grönland
FAZ, 24.09.09 (Langer)

Abb. 3: Sonnenaktivität und Temperatur 1880 bis 1990
Zeitschrift Mitwissen – Mittun,
herausgeg. von Prof. Dr. Hermann Schneider, Heidelberg

Abb. 4: Globaler Temperaturverlauf ab 1860 (IPCC 2001, ergänzt)
Zeitschrift Mitwissen – Mittun,
herausgeg. von Prof. Dr. Hermann Schneider, Heidelberg

Abb. 5: Die Sonne bestimmt das Klima.
FAZ, 18.08.10 (Hahn)

Abb. 6: Weltweit gemittelte Strahlendosis
(nach Daten von UNSCear)
Zeitschrift Mitwissen – Mittun,
herausgeg. von Prof. Dr. Hermann Schneider, Heidelberg

Abb. 7: Blick auf das Kugelbett des Hochtemperaturreaktors
Informationskreis Kernenergie, Bonn

Abb. 8: Spiegelrinnen-Solarkraftwerk
Solar Millennium AG

Abb. 9: Lohner Porsche, das erste Hybridfahrzeug von 1900
Porsche AG

Abb. 10: Walchenseekraftwerk
Academic dictionaries and encyclopedias

Abb. 11: Prototyp des Wave-Star Wellenkraftwerks
FAZ, 06.07.10 (Küffner)

Abb. 12: Verfahren zur Herstellung von Biokraftstoffen
Deutsche BP AG

Die Veröffentlichung der Abbildungen erfolgte jeweils mit freundlicher Genehmigung der genannten Personen, Institutionen und Unternehmen.

Über den Autor

 Dr. Gustav Krüger (*1920) studierte in Berlin und Stuttgart Physik und promovierte 1951 am Max-Planck-Institut für Metallforschung in Stuttgart.

Nach kurzer Tätigkeit im Zentrallabor der AEG wechselte er in die Uhrenindustrie der Schweiz, wo er als Vizedirektor eines industriellen Forschungsinstituts wirkte.

Nach seiner Rückkehr nach Deutschland 1962 baute er die Firma Feinmetall im baden-württembergischen Herrenberg als Zulieferbetrieb für die Uhren- und Elektroindustrie auf. Ab 1970 verlagerte dieses Unternehmen seinen Schwerpunkt auf Prüftechnik für die Elektronik. In diesem Unternehmen wirkte Dr. Krüger bis zu seinem Ausscheiden 1990 als Geschäftsführer.

Neben einer Vielzahl wissenschaftlicher Veröffentlichungen erschienen aus seiner Feder die beiden Monographien „Uhren und Zeitmessung" (1977) und „Zwangsarbeiter" (2001).

www.buch-krueger.de